AF628174

ulmer

Melanie Grabner und Christine Weidenweber

Tomaten LIEBE

Samenfest, robust und köstlich – außergewöhnliche Sorten für Garten & Balkon

Das steckt in diesem Buch

Wachsen und Gedeihen 94

Gaumenfreuden: Tomaten zum Genießen 128

Service 152

Der Beginn einer Leidenschaft

Wie es zu der bunten Vielfalt in meinem Garten gekommen ist, ist eine schöne Geschichte und zugleich meine Lebensphilosophie

Kunterbunte Gartenlust

In einer der vielen kleinen Nebenstraßen von Böhl-Iggelheim liegt mein Garten. Wenn ich durch den Innenhof und einen Durchgang gehe, eröffnet sich der Blick auf eine bunte Pflanzenvielfalt, auf ein großes Gewächshaus und dahinter auf noch mehr Beete, auf denen neben den Tomaten auch buckelige, längliche und runde Zucchini, Haferwurzeln, Erdbeerspinat und Co. wachsen.

Für jedes Pflänzchen einen Platz

In dem großen Gewächshaus stehen die schönsten Tomatensorten nebeneinander: gelbe, rote, braune, kleine, große nur eckige gibt es nicht. In einem etwas kleineren Gewächshäuschen gedeiht eine Wildtomate, genauer gesagt die 'Rote Johannisbeertomate' ganz prächtig, die sich über und über mit kleinen, roten Früchten schmückt und mich mit ihrem ganz intensiven Geschmack begeistert. Wie es zu dieser bunten Vielfalt in meinem Garten gekommen ist? Begonnen hat eigentlich alles in der Staudengärtnerei, in der ich

Links: Die Früchte von 'Gelber Cocktailtomate' und 'Cherry Black' wurden für eine Sortenverkostung am Abend frisch geerntet.

Mitte: Wildtomaten gedeihen auch zwischen Roter Melde, an deren Stängeln sie Halt finden.

Rechts: Farbenprächtige Artischocken sind ein fester Bestandteil in meiner mediterranen Mischkultur.

gelernt habe. Täglich fallen in Gärtnereien Pflanzen an, die auf den Komposthaufen wandern, weil sie nicht oder nicht mehr den Ansprüchen der Kunden entsprechen. Die einen sind zu groß geworden und ein Umtopfen lohnt sich nicht, die anderen sind nach der Saison einfach übrig geblieben. Viele von diesen Pflanzen habe ich mit nach Hause genommen und an den verschiedensten Plätzen eingepflanzt. Außerdem habe ich genau von diesen Pflanzen viel über die Ansprüche und ihr Wuchsverhalten im Garten gelernt.

Dahinter steckt meine ganz persönliche Philosophie: Die große Artenvielfalt im Garten sorgt für mein buntes fröhliches Leben. Ich möchte jedem Lebewesen, egal ob Pflanze oder Tier, ein Plätzchen zum Wachsen und Gedeihen ermöglichen. Manchmal fehlt zwar der passende Standort, doch bisher habe ich noch immer eine Möglichkeit gefunden und genutzt, um den Pflanzen Asyl zu bieten. So erobern Pflanzen in Blumenkästen die dritte Dimension und sogar auf dem geschotterten Hof, der zu meinem ersten

In meinem Gewächshaus stehen Jungpflanzen und besonders empfindliche Fleischtomaten gut beschützt.

Garten umfunktioniert wurde, entstanden Nischen und Plätze, an denen Pflanzen gedeihen können. Diese Wertschätzung des Lebens ist mir wichtig. Selbst mit minimalen Kosten kann so eine reiche Pflanzenvielfalt auf kleinem Raum geschaffen werden.

Vom Tomatenvirus infiziert

Ich beschreibe, fotografiere, hege und pflege meine Tomatensorten liebevoll. 6000 Jungpflanzen ziehe ich pro Saison heran und keine davon landet auf dem Komposthaufen!
Mit dem Pflegen und Ernten in meinem eigenen großen Nutzgarten wuchs mein Interesse an seltenen Nutzpflanzen, denn als Kind der Achtzigerjahre mochte ich das damals übliche Einheitsgemüse nicht. Ich war von der Schönheit schwarzer Paprika, blauer Kartoffeln, gestreifter Tomaten oder anderen außergewöhnlichen Gemüseformen fasziniert. Ihr besonderes Aroma, ihr guter Ertrag trotz minimaler Pflege und ihre vielseitigen Zubereitungsmöglichkeiten überzeugten mich, sie weiter anzubauen, zu beobachten, zu sammeln und sie in Ausstellungen und auf Märkten zu präsentieren.

„Die Welt war mir zu trist, deshalb habe ich mir immer ein lebendiges, schönes Umfeld geschaffen und an ungewöhnlichen Pflanzenorten, wie Schotterhof oder Blumenkästen, experimentiert."

Frisch geerntet schmecken mir die Tomaten am besten.

Verbundenheit von Mensch und Pflanze

Mein Ziel ist es, Menschen und Pflanzen wieder miteinander zu verbinden. Ich wünsche mir mehr Respekt und Achtung für unsere wichtigen, grünen Mitbewohner. In Anbetracht der gewaltigen genetischen Erosion hoffe ich, dass meine Arbeit zur Entstehung von Zigtausenden privater, lebendiger Genbanken in unseren Hausgärten oder auf den Äckern beiträgt. Je mehr Saatgut auf traditionelle Weise erhalten, ausgelesen und weiterentwickelt wird, desto größere Chancen haben wir, uns in Zeiten mit wechselndem Klima, unbeständigen wirtschaftlichen Verhältnissen und zunehmender Umweltzerstörung mit gesunden Nahrungsmitteln selbst zu versorgen.

Aber natürlich ist auch die Verbundenheit von uns Menschen untereinander von größter Bedeutung. Zur Liebe zu Pflanzen und Menschen und zum glücklichen Gärtnern gehört für mich unbedingt auch der Kontakt und das Fachsimpeln mit anderen Pflanzenfreunden dazu.

MEINE ERSTEN TOMATENSCHÄTZE

- **'Sieger'**: eine mittelgroße, rote, robuste Freilandsorte
- **'Black Plum'**: eine pflaumenförmige, fast schwarze Datteltomate
- **'Green Zebra'**: eine grüngelb gestreifte, würzige Genießerfrucht
- **'Gelbe Cocktailtomate'**: mit Obstaroma

Die Wiederentdeckung alter Gemüsesorten

In den 1960er- bis 1980er-Jahren waren lokale Angepasstheiten, lange Erntefenster und Lagerfähigkeit sowie unterschiedliche Verwendungsmöglichkeiten nur für wenige Gärtner von Bedeutung. Große Früchte und hoher Ertrag, das waren die Kriterien, die zählten, und an chemischen Mitteln gegen allerlei Unbill im Garten fehlte es nicht. Mit dem Aufkommen der Umweltbewegung und dem neuen Bewusstsein, dass gesunde Ernährung in unserem Leben enorm wichtig ist, sowie durch Berichte von immer neuen Umwelt- und Nahrungsmittelskandalen entwickelte sich nach und nach die Rückbesinnung auf alte Sorten. Diese ursprünglichen Sorten begeistern vor allem durch ihr gutes Aroma, ihre dünnen, weichen Schalen und ihre vielseitigen Verwendungsmöglichkeiten. Selbst in der Küche sind heute alte Gemüse wie Schwarzwurzeln und Mangold zur Haute Cuisine aufgestiegen.

Vom Glück einen Garten zu haben

In einer Gartenzeitschrift wurde ich aufmerksam auf einen Beitrag über Tomaten. Bis dahin wusste ich noch nicht, welche Sortenvielfalt die Tomate bereithält. Wer kannte damals schon Sorten mit gepunkteten, gelben, gestreiften Früchten? Ein eigener Garten musste her und in dem würden Tomaten wachsen, das war klar.

Rechts: Der 'Rote Meier' ist eine alte Blattgemüsesorte und gehört zu den Amaranthgewächsen.

Links: Tomaten und Mangold passen gut zusammen. Mangold hat nur geringe Nährstoffansprüche.

Allein schon die bunte Vielfalt der Früchte ist es wert, einen Platz im Garten zu ergattern.

Alles beginnt im Kleinen und so waren es zunächst drei Pflänzchen, die auf einem schmalen Beet unter meinem Küchenfenster wuchsen. Ehrlich gesagt fristeten sie ein etwas kümmerliches Dasein. Und sie dienten eigentlich nur einem Zweck: Die Mücken fernzuhalten.

Dann war es soweit. Der erste eigene kleine Garten konnte vorbereitet und nach Gutdünken bepflanzt werden. Und was gibt es Schöneres, als in Saatgut- und Pflanzenkatalogen zu stöbern und zu bestellen! Und so zogen viele verschiedene seltene Gemüsesorten, darunter die ersten Tomaten, in meinen Garten ein.

Junge Menschen haben meist nicht viel Zeit für einen Garten, und so ging es auch mir. Und weil es draußen außerdem keinen Wasseranschluss gab, konnten die Tomaten nicht mit viel Pflege und Betreuung rechnen. Trotzdem gaben sie ihr Bestes und ob Sie's glauben oder nicht: Es waren die besten Tomaten, die ich je gegessen habe.

Tomaten sind lecker und vielseitig in ihrer kulinarischen Verwertung. Was liegt da näher, als so viele Pflanzen wie möglich selbst zu ziehen? Aus den ersten vier Sorten wurden im zweiten Gartenjahr schon 30!

TOMATEN GEGEN MÜCKEN

Obwohl es heute kaum vorstellbar ist, standen Tomaten zuerst gar nicht „auf meinem Programm". Der Tipp kam von meiner Nachbarin: „Pflanz dir ein paar Tomaten vor das Küchenfenster, damit vertreibst du die Mücken." Nun stehen vor dem Fenster schon seit vielen Jahren Tomaten und nur noch sehr selten verirrt sich eine Mücke ins Haus.

Links: Meine treue Weggefährtin Mohrle ist genauso ein Gartenfan wie ich.

Rechts: Lohn der Mühe, die Körbe mit den bunten Tomaten sind unter meinen Bekannten heiß begehrt.

Das Leben lieben

Die unglaubliche Vielfalt im Leben, alles Bunte und Schöne – können wir es noch schätzen? In der Hektik unserer Tage, im Multi-Media-Angebot, das uns zu überfluten droht, sind es doch die kleinen Dinge, die das Leben lebenswert machen. Der Duft nach einem Sommerregen, das Frühlings-Alpenveilchen, das seine zierlichen Blüten trotz Eis und Schnee in die Höhe reckt und ganz sicher auch, dass aus kleinen Tomatensamen, die sich kaum voneinander unterscheiden, so verschiedene Pflanzen und Früchte entstehen – von den geschmacklichen Nuancen ganz zu schweigen.

Nutzpflanzen sind Kulturgut

Jahrtausende lang haben Menschen mithilfe der jeweiligen Pflanzenarten die heutige Nutzpflanzenvielfalt geschaffen. Nahezu in jedem Winkel der Erde wurden an unterschiedlichsten Standorten für die unterschiedlichsten Bedürfnisse ganz spezielle Nahrungspflanzen selektiert und weitergezüchtet. Allein bei den Tomaten entstand so

innerhalb von 8.000 Jahren die heutige Vielfalt von schätzungsweise 5.000 bis 10.000 Sorten. Besonders im 18. und 19. Jahrhundert wurden zahlreiche neue bunte Formen, angepasst an die sich wandelnden Umweltbedingungen, gezüchtet. Gartenkataloge von 1860 dokumentieren neben den bekannten roten Tomaten bereits Sorten mit gelbrosa, weißen oder schwarzen Früchten.
Initiativen zur Nutzpflanzenerhaltung wie dem VEN (Verein zur Erhaltung der Nutzpflanzenvielfalt e.V.), der Arche Noah sowie Journalisten und Gärtnerinnen ist es zu verdanken, dass die Bedeutung der Sortenvielfalt wieder mehr in das öffentliche Bewusstsein gerückt. Das verstärkte Interesse ist bitter notwendig: Mehr als 75 % unserer Kulturpflanzenvielfalt ist in den letzten 60 Jahren verlorengegangen.
In vielen Hausgärten entstehen noch immer neue Sorten durch Auslese, durch ungeplante Kreuzungen, durch gezielte Züchtungen. Ebenso verändern sich auch bestehende Sorten. Das ist in Ordnung, denn die Sorten müssen sich an veränderte Bedingungen gut anpassen und sich wie ein Computerprogramm ständig aktualisieren.

Tomaten im eigenen Garten

In der riesigen Welt der Pflanzenarten ist die Bedeutung der Gattung Tomaten zwar verschwindend gering. Dennoch haben es gerade diese Nachtschattengewächse mit ihren köstlichen Früchten geschafft, zum beliebtesten Gemüse zu werden. Deshalb finden Tomatenpflanzen trotz ihrer Allüren mit Braunfäule und Co. immer einen Platz im Garten oder auf dem Balkon. Sie haben eine einzigartige erfolgreiche Geschichte hinter sich und sind immer noch auf Erfolgskurs.
Ich sehe bei vielen meiner Kunden mit wie viel Liebe meine Tomatensorten in ihren Gärten gepflegt werden und gedeihen – oft besser als bei mir. Das macht mir Mut weiterzumachen. Je größer der Genpool in unseren Gärten ist, desto mehr Möglichkeiten entstehen, wirklich gesunde und robuste Pflanzensorten in Zusammenarbeit mit professionellen Erhaltern und Züchtern zu entwickeln. Eine seltene Tomatensorte auf dem Balkon bringt freilich nicht die Riesenernte einer Hybridtomate im perfekten Gewächshausanbau, aber sie zeigt uns direkt, welche Auswirkungen das Wetter und unsere Pflege auf ihr Wachstum haben. Ihre Früchte schmecken, frisch

und vollreif geerntet, wesentlich besser als es bei den meisten Früchten mit langen Transportwegen der Fall sein kann. Aus dem derzeit noch großen Fundus an Nutzpflanzensorten können wir uns die passende Sorte wählen, selbst vermehren und uns an etwas Außergewöhnlichem, das nicht jeder hat, freuen.
Beim eigenen Gärtnern liegt es in unserer Hand, mit welchem Dünger wir die Pflanzen versorgen und ob wir sie mit Pestiziden gegen Schädlinge behandeln wollen. Die vielen abschreckenden Berichte über Lebensmittelskandale und die Nachteile der industriellen Landwirtschaft – die in unserer Zeit zweifelslos auch ihre Vorteile hat, bis sich wirklich brauchbare Alternativen durchsetzen – wecken in vielen Menschen die Sehnsucht nach einem kleinen Stück „heile Welt".

Solidarische Gemeinschaften

Die Zeiten wandeln sich. Noch vor wenigen Jahren gab es Vielfaltsmärkte, die mit ihren verschiedenen Saatgut- und Pflanzenangeboten auf die unglaublich bunte Arten- und Sortenvielfalt aufmerksam machten. Während der Coronakrise hat sich das gewandelt und ob es einmal wieder Pflanzenmärkte geben wird, das ist bisher ungewiss. Die gesellschaftlichen und globalen Probleme sind mittlerweile viel deutlicher zutage getreten. Um unsere, durch die Klimakrise bedrohte Lebensgrundlage zu sichern, brauchen wir eine regenerative und nachhaltige Landnutzung. Die Bewirtschaftung des eigenen Gartens, Sorten über den Gartenzaun zu tauschen und biologisches Gärtnern generell sind ein wichtiger Teil davon. Darüber hinaus liegt mir aber auch sehr die Förderung von solidarischen Gemeinschaften bzw. einer solidarischen Landwirtschaft am Herzen. Hier leben die Vielfalt, Regionalität und Gemeinschaft. Solawis sind vielleicht die Lösung einiger drängender Umweltprobleme (Adressen siehe Seite 154).

Vom gedankenlosen Umgang mit der Natur

Das Angebot an Nahrungsmitteln ist einfach zu groß, schnell greifen wir da zu den günstigsten Produkten. Fleisch gibt es zu „Spottpreisen", Getreideprodukte in Selbstbedienungsläden ebenfalls. Doch wir schaden uns letzten Endes selbst mit dieser Einstellung,

denn solche Nahrungsmittel können nur in großflächigen Monokulturen mit einem hohen Energieaufwand produziert werden. Monokulturen gibt es in Land- und Forstwirtschaft und auch im Gartenbau; denken wir nur an die riesigen Tulpenfelder in Holland. Vor allem die industrielle Revolution hat diese sehr einseitige Bewirtschaftung in Gang gesetzt. Auf großen Feldern wird zum Beispiel nur Weizen oder Mais angebaut. Die Bewirtschaftung ist für Bauern, Gärtner und Forstleute einfacher und ein höherer Ertrag ist garantiert. Einerseits ist das wichtig, denn wir wollen ja nicht auf das große Angebot verzichten. Andererseits gibt es eine Menge Nachteile, nämlich dann, wenn die Pflanzen von einer Krankheit oder einem Schädling befallen werden und die ganze Ernte in Gefahr ist. Pflanzenschutzmittel sind dann meist die einzige Möglichkeit, das zu verhindern. Der Boden leidet meistens unter Monokulturen, denn es werden von ein und derselben Pflanzenart immer dieselben Nährstoffe entzogen, der Boden wird ausgelaugt und es muss gedüngt werden. Schwierig ist der einseitige Anbau bestimmter Kulturen auch an Hangstandorten, wo es dann sehr oft zum Beispiel bei Gewittern zur Bodenerosion, also zum Abtrag von Erde kommt, was den Boden dann noch mehr auslaugt.
Die Folgen von Monokulturen sind also unübersehbar: Bodenerosion und Massenauftreten von Krankheiten und Schädlingen. Viele unserer Kulturpflanzen werden als Futter für die Massentierhaltung angebaut, welche den Anspruch auf ethisches Handeln in Frage stellt. Durch prophylaktische Antibiotikagaben, die das

Links: Krankheiten und Schädlinge haben in Monokulturen leichtes Spiel, weil sie sich gut ausbreiten können.

Rechts: Ich habe in meinem Garten nur gute Erfahrungen mit Mischkultur gemacht.

Vegetieren der Tiere auf engstem Raum überhaupt ermöglichen, wird nicht zuletzt die Gesundheit von Menschen beeinträchtigt. Immer mehr Gewinn in immer kürzerer Zeit – das geht eben nicht ewig. Und es wird Zeit zur Rückbesinnung.
Selbstverständlich können wir nicht mehr auf Technik und rationelle Produktionsverfahren in der Landwirtschaft verzichten. Im Hinblick auf die Veränderungen unserer Lebensräume, den Klimawandel, das Auftreten von immer neuen, aggressiveren Krankheiten und Schädlingen sollten wir wieder mehr Wert auf die Bewahrung der Artenvielfalt legen. Dazu gehören auch durch traditionelle Züchtung entstandene samenfeste Nutzpflanzen. In ihnen ruht ein großer Kulturschatz: Unser breites Lebensmittelangebot ist durch die Arbeit von Hunderten von Menschengenerationen weltweit in 15.000 Jahren entstanden. Nicht zuletzt: Ein großer Artenreichtum bietet auch Bienen und vielen anderen Insekten Nahrung und Lebensraum.
Auch wenn manche Sorten nicht mit hohen Erträgen aufwarten, können in ihnen viele wertvolle Eigenschaften, wie eine hohe Krankheitstoleranz, schlummern. Der Erhalt der Vielfalt ist eine wichtige Voraussetzung, um in einer wechselnden Umwelt und in Zeiten starker Klimaschwankungen weiterhin Lebensmittel ernten zu können. Und weil der normale Handel in dieser Beziehung meist nur wenig zu bieten hat, habe ich angefangen, mein Saatgut selbst zu gewinnen und Tomaten selbst zu vermehren.

Vielfalt aus der Region

Es ist schön, dass regionale Produkte heute wieder viel mehr wertgeschätzt werden. Wenn ich die Eier beim Bauern nebenan kaufe, dann weiß ich, dass er die Tiere artgerecht hält und bei der Fütterung Sorgfalt walten lässt. Bei Obst und Gemüse ist das genauso. Frisch gepflückte Erdbeeren auf dem Feld im Nachbarort sind geschmacklich gar nicht vergleichbar mit solchen, die Tausende von Kilometern geflogen werden müssen, bis sie in unseren Supermarkt gelangen.
Hinzu kommen seit den letzten Jahren noch zwei andere Aspekte: Der Klimawandel macht uns zu schaffen und durch die Globalisierung kommen Schädlinge in unsere Regionen, von denen wir zuvor noch gar nichts gehört haben. Nur mit einer vielfältigen Flora und

'Haubners Vollendung' gedeiht bei mir prächtig, denn sie ist bestens an das Klima in der Rheinebene angepasst.

Fauna können wir dem begegnen. Und das ist im Garten genauso wie auf einem großen Feld: Werden nur Tomaten angebaut, können Schädlinge wie die Spinnmilbe oder Krankheiten, zum Beispiel Braunfäule, vielleicht die ganze Ernte vernichten. Gibt es viele Gemüse- und Obstarten im Garten, dann kann der Ausfall eines Gemüses einfach besser durch ein anderes abgefangen werden. Regionale Arten und Sorten spielen außerdem gerade bei den Wetterkapriolen der letzten Jahre eine wichtige Rolle. Gemüse und Obst, das häufig und schon lange in der Region angebaut wird, ist angepasst an tiefe Temperaturen, Hitze oder sandigen Boden. Diese Sorten können dann auch unter extremen Wetterbedingungen noch Ertrag bringen. Und mit einer großen genetischen Bandbreite sind wir gerüstet gegen Wind und Wetter, Tristesse und Eintönigkeit.

SORTENVIELFALT & SORTENERHALT

Die Sortenreinheit ist das wichtigste Qualitätszeichen von professionellen Züchtern, die Sorten für große Märkte entwickeln. Ich habe mich dagegen dem Erhalt der Pflanzenvielfalt um ihrer selbst willen verschrieben. Mein Ziel, meine Ausrichtung ist das Mit-Erschaffen von Millionen freier, privater Genbanken als essenzielle Grundlage für die Evolution. Eine Evolution, in der Leben entsteht, sich anpasst, sich weiterentwickeln kann und beachtet wird. Pflanzenvielfalt ist aus meiner Sicht die Grundlage, um mit immer stärker wechselnden Lebensbedingungen wie Klimawandel, Artenschwund, verschlechterten Anbaubedingungen und vielem mehr zurecht zu kommen.
Ich möchte Raum geben für Leben, das leben will und dem Leben Möglichkeiten geben, sich weiterzuentwickeln. Dazu gehört es, Reichtum, in meinem Fall den der Tomatenvielfalt, mit anderen zu teilen.

Auf den richtigen Umgang kommt es an

Ich will meinen Beitrag leisten, zumindest einen Teil der Vielfalt zu erhalten und soweit es mir überhaupt möglich ist, Raum für weitere Entwicklungen geben zu können. Dazu gehört es auch mit der Vielfalt sinnvoll umzugehen, eine für sich passende Auswahl zu treffen und sich im eigenen Garten auf eine Sortenanzahl zu beschränken. Aus diesem Grund werde ich jetzt weniger Tomatensorten zur Saatgutgewinnung anbauen. Nach über 15 Jahren möchte ich mich mit den für mich passendsten Tomatensorten weiter auseinandersetzen und mich mehr auf Auslesen konzent-

Einmal im Jahr zur Erntezeit ist mein Garten geöffnet. Die bunt leuchtende Vielfalt lockt viele Besucher an.

Auf langen Tischen präsentiere ich meinen Kunden bis zu 180 Tomatensorten.

rieren. Ich weiß, dass Tomatensaatgut mehr als 10 Jahre keimfähig bleibt und hoffe, dass ein Großteil der von mir geernteten Tomatensamen in anderen Gärten angebaut und weiterentwickelt wird.
Mir fällt auf, dass viele samenfeste Sorten im Laufe der Jahre verwildern. Beispielsweise bilden ehemals pflegeleichte Stabtomaten mehr Verzweigungen oder Sorten mit runden Früchten werden wieder mehr gebuchtet. Beides verursacht in Folge mehr Arbeitsaufwand. Noch nie gab es in den Gärten so viele Sorten einer Art auf so engem Raum. In Schaugärten ist das gut und ebenso im eigenen Garten. Doch von diesen eng beieinandersitzenden Pflanzen bringt es wenig, die Samen zu ernten. Für den Saatguterhalt braucht es viele Pflanzen einer Sorte, um eine gute Auslese für die nächste Generation zu erzielen.

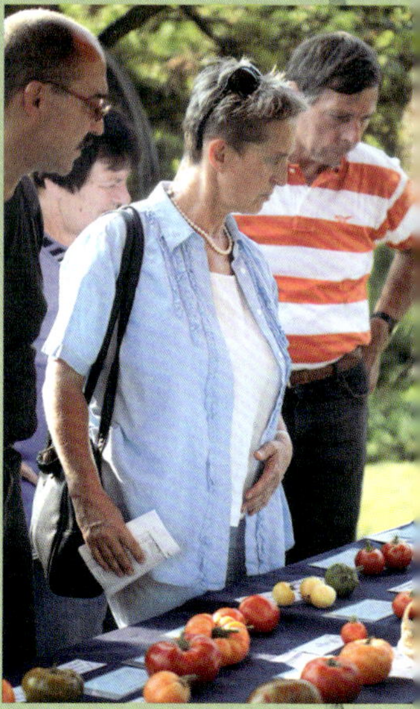

Selbst langjährige Tomatengärtner entdecken immer wieder neue Sorten.

Eigeninitiative

Mit samenfesten Sorten (siehe Seite 26) können Sie selbst auch Samen ernten, aufbereiten und wieder aussäen und dadurch einen eigenen lebendigen Genpool entstehen lassen und an einem faszinierenden Schöpfungsprozess teilhaben.
Sie entscheiden, ob Sie nur wenige Sorten weiterentwickeln wollen oder sich von der Nachfolge eines bunten Sortenpotpourri überraschen lassen. Wenn Sie einige Grundvoraussetzungen bei der Saatgutgewinnung und der Auswahl der „Mutterpflanzen" beherzigen, können Sie sich Ihre ureigene Samenbank von Ihrem Lieblingsgemüse anlegen.
Sortenerhalt müssen wir aber auch in größerem Rahmen „denken". Engagieren Sie sich nicht nur im eigenen Garten, sondern auch in Garteninitiativen oder solidarischen Gemeinschaften oder gründen Sie selbst eine Pflanzenvielfalts-Initiative. Es kommt auf jeden einzelnen von uns an.

Es ist gut, dass die Tomaten nicht alle gleichzeitig reif werden. Das erleichtert mir die Arbeit in der Hochsaison.

Die Tomate – eine selbstbewusste Diva

Sie denken, Tomaten sind genügsame, zurückhaltende Geschöpfe? Nein, das stimmt nicht so ganz. Ehrlich gesagt, sind Tomaten eher die Diven unter dem Gemüse. Auf den ersten Blick mögen sie vielleicht recht unscheinbar daherkommen, doch schon bald wird klar, dass sie nur bei guter Betreuung und Pflege wachsen, gedeihen und leckere Früchte hervorbringen. Das heißt jedoch nicht, dass sie sehr schwierig zu kultivieren sind; auch Anfänger können Tomaten anbauen und lernen dann gleich, dass Pflanzen auch „ihren Kopf haben".

Wenn die Temperaturen nicht zusagen, dann lassen sich die Tomatensamen schon mal Zeit mit der Keimung und es kann 14 Tage dauern, bis sich die ersten zarten Spitzen aus der Erde erheben.

Stehen die Aussaattöpfe jedoch an einem warmen Platz bei 18 bis 20 Grad, strecken sich die Keimblätter schon nach wenigen Tagen aus der Erde heraus. Tomaten wollen regelmäßig gegossen werden, aber nur „an die Füße", sonst werden sie krank. Und Nährstoffe brauchen sie natürlich auch – alles schön ausgewogen, versteht sich. Tomatenpflanzen muss man in ihrer Gesamtheit betrachten, sie wertschätzen und achten, so wie das jedem Lebewesen zusteht. Schenken wir das den Tomaten, verbunden mit einer gehörigen Portion Zuwendung, bedanken sie sich dafür mit vielen gut schmeckenden Früchten.

„Tomaten sind eitel. Und sie nutzen uns Menschen für ihre Verbreitung."

Schön und nützlich

Eine Tomate – das ist mehr als nur eine Frucht, die gut schmeckt und zum Essen da ist. Immerhin galt sie nach der Einführung durch Christoph Kolumbus in der Alten Welt bis ins 18. Jahrhundert hinein als Zierpflanze. Und beim genaueren Betrachten ist die Tomate tatsächlich vom Herausschieben des Keimlings aus der Erde bis zum stolzen Tragen der reifen Früchte schön anzusehen.
Einzelne Pflanzen setze ich deshalb auch immer wieder ins Staudenbeet. Hier steht sie zusammen mit anderen Gemüsenachbarn wie Toskanischem Palmkohl und Mangold. Die schmückenden grünen Blätter sehen schön aus zwischen bunten Blumen und bringen durch ihre Höhe Struktur in die Beete. Dasselbe gilt im Grunde genommen auch für die Balkon- und Terrassenbepflanzung. Was spricht dagegen, einen Mix aus Gemüse, Kräutern, Sommerblumen, Stauden und Gräsern zu kreieren und bei der Bepflanzung nicht nur an das Auge, sondern auch den Gaumen zu denken?

TAGEBUCH FÜR DIE TOMATEN

Ein Tomaten-Tagebuch hilft mir beim Beobachten der Pflanzen. Ich notiere mir, wann die Pflanzen aufgegangen sind, wie sie sich entwickelt haben, welche Krankheiten sie hatten, wann sie reif geworden sind und wie sie mir geschmeckt haben. Über die Jahre hinweg kann ich so die Sorten gut einschätzen.

In den letzten zehn Jahren habe ich zu mehr als 600 Tomatensorten Tagebuch geführt.

Lieblings-sorten

'Gelbes Birnchen', 'Reisetomate', 'Bulgarisches Ochsenherz', 'Grüne Zebra' oder 'Olympische Flamme' – hier findet jeder seine Lieblingstomate.

„Mit dem Verkauf seltener, besonderer und alter Tomatensorten möchte ich Freude wecken an der Vielfalt der Pflanzenwelt. Sie macht unser Leben reicher!“

Bunte Tomatenwelt

Beim Gedanke an eine Tomate kommt den meisten Menschen zuerst die rote runde Frucht im Supermarkt in den Sinn. Dass gerade die Familie der Nachtschattengewächse, zu der die Tomate gehört, eine unglaublich große Farb- und Formenpalette bereithält, ist kaum bekannt. Es gibt gelbe, creme- oder orangefarbene, rote, braunrote, violette, grüne und gestreifte Tomaten in Eier-, Birnen-, Flaschen- und Herzform, erbsengroße Johannisbeertomaten und Fleischtomaten, die schon mal 1 kg auf die Waage bringen können. Diese vielen unterschiedlichen Sorten haben eines gemeinsam: Am richtigen Standort und unter den passenden Bedingungen angebaut, sind sie robust und vor allem besonders gut im Geschmack. Bei den heute häufig produzierten Hybridsorten ist das meistens nicht der Fall. Sie sind auf hohen Ertrag ausgerichtet und für die landwirtschaftliche Produktion im großen Stil bestimmt. Und es gibt noch einen Nachteil: Hybridsaatgut entsteht durch Kreuzung zweier möglichst weit entfernter Inzuchtlinien. Ein sehr hoher

Jedes Jahr freue ich mich aufs Neue, wenn ich nach der Ernte die vielen leckeren Früchte begutachten kann.

Ertrag ist bei Hybridsaatgut im Anbaujahr die Regel, doch schon im zweiten Jahr geht der Ertrag enorm zurück. Ein Nachbau lohnt sich deshalb nicht.

Die Weitgereiste

Aus den Anden Perus und aus Guatemala sollen die ersten wilden Tomaten nach Mexiko gekommen sein. Die Azteken prägten den Namen „tomatl", was nichts anderes bedeutet als „Schwellfrüchte". Tomaten werden bereits seit über 7000 Jahren von den Völkern Mittel- und Südamerikas kultiviert. Und als Christoph Kolumbus die Tomate nach Europa brachte, wurde sie zunächst etwas kritisch beäugt. Man glaubte nämlich, es handele sich um die Paradiesfrucht, die die Menschheit aus dem Paradies vertrieben hatte.

ELTERN UNBEKANNT

Es gibt zwar verschiedene Arten der Gattung *Lycopersicon*, eine hat zum Beispiel Humboldt in Venezuela entdeckt, aber schon die Mayas und andere Kulturen kultivierten über 200 Tomatensorten und so ist es heute schwer, die Abstammung einer Sorte herauszufinden.

SAMENFESTE SORTEN ODER F1-HYBRIDEN?

Fragt man Gärtnerinnen und Gärtner, was zu ihren schönsten Arbeiten im Garten gehört, zu den Dingen, die sie am meisten mit Freude erfüllt, so wird wohl besonders oft die Antwort „Saatgut vermehren" zu hören sein.

Das Ernten der Früchte ist mit einer tiefen Befriedigung und natürlich auch mit Stolz verbunden. Wird von den Früchten dann noch ein Teil der Samen geerntet und im nächsten Jahr wieder ausgesät, so ist das etwas ganz Besonderes. Es sind dann fast die „eigenen Kinder", die liebevoll gehegt und gepflegt werden.

Doch Samen ist nicht gleich Samen, und nicht aus jedem Samen entwickelt sich eine neue Pflanze. Um Pflanzen erfolgreich vermehren zu können, benötigen wir sogenannte samenfeste Sorten. Bei vielen angebotenen Sorten handelt es sich aber um Hybridsaatgut, das zwar im Anbaujahr einen hohen Ertrag liefert, aber häufig unfruchtbare Samen ausbildet.

Der Unterschied

Mein Werkzeugkoffer bewahrt die Tomatenschätze und somit auch die Sortenvielfalt.

Auf vielen Samentüten findet man die Bezeichnung F1-Hybride, die auf die züchterische Beeinflussung des Saatgutes hinweist. Bei der Hybridzüchtung werden sogenannte Elternpflanzen über mehrere Jahre selektiert, bis sie die gewünschten Eigenschaften, also ein hoher Ertrag, gleichmäßige Reife oder Ähnliches reinerbig enthalten. Werden dann zwei Inzuchtlinien miteinander gekreuzt, entstehen F1-Hybriden. Dies ist ein Begriff aus der Vererbungslehre: Die F1-Generation ist die erste Filial-, also Tochter-Generation. Der Ertrag dieser Sorten ist hoch und auch noch andere Eigenschaften sind für den Erwerbsanbau durchaus nützlich. Der Haken an der ganzen Sache ist jedoch, dass die Sorten nur im ersten Jahr nach der Aussaat so tolle Ergebnisse liefern. Die guten Eigenschaften spalten sich schon bei der nächsten Generation auf. Erntet man also Samen von Hybridsorten und sät sie dann im nächsten Jahr aus, so werden viele Samen gar nicht keimen, die wenigen keimenden Samen werden womöglich anders aussehen und einen viel geringeren Ertrag bringen. Die Vermehrung des Saatgutes lohnt sich also nicht, denn die Eigenschaften der Eltern bleiben nicht erhalten. Es muss jedes Jahr neues F1-Hybridsaatgut gekauft werden.

Viele meiner Kunden entdecken erst bei der Tomatenverkostung ihre Lieblingssorten.

Ganz anders ist das bei samenfesten Sorten. Lokalsorten, alte Zuchtsorten und auch Sorten aus biologischer Züchtung geben ihre Eigenschaften von Generation zu Generation weiter. Die Nachkommen ähneln den Eltern dabei. Aber natürlich ist auch immer eine gewisse Veränderung enthalten, denn im Gegensatz zur ungeschlechtlichen Vermehrung sind bei der geschlechtlichen Vermehrung immer zwei Elternteile beteiligt.
Außerdem gibt es auch noch Auslesen. Einige davon werden auch in diesem Buch vorgestellt. Das sind im Grunde genommen genetisch bedingte Variationen einer Pflanzenart. Es handelt sich dabei aber nicht um Sorten.

Zwei Arten der Vermehrung

Man unterscheidet prinzipiell zwischen vegetativer (ungeschlechtlicher) und generativer (geschlechtlicher) Vermehrung. Kartoffeln können zum Beispiel sehr gut vegetativ vermehrt werden, nämlich indem Knollen zur Pflanzung im nächsten Jahr wieder in den Boden gelegt werden. Bei der vegetativen Vermehrung unterscheiden sich die Nachkommen gar nicht von der Mutterpflanze, denn es ist immer nur die Mutterpflanze, die durch Teilung oder Stecklinge vermehrt wird.
Bei der generativen Vermehrung handelt es sich um die Vermehrung durch Samen. Blüten werden vom Wind bestäubt, von Bienen oder anderen Insekten. Es kommt zu einer Vermischung von Erbgut beider Elternteile. So ähneln die Nachkommen den Eltern, können aber in der Blütenfarbe und vielen anderen Eigenschaften differieren.

Es macht mir immer Spaß, gemeinsam mit meinen Kunden über die Vorzüge einzelner Sorten zu fachsimpeln.

Gut beraten

„Welche Sorte ist denn empfehlenswert?“ – das werde ich oft gefragt. Die Antwort darauf fällt sehr viel umfangreicher und komplizierter aus, als die Menschen sich das meistens erwarten. Pflanzen, die im eigenen Garten bestens gedeihen und viele leckere Früchte hervorbringen, versagen anderswo manchmal. Ich wohne beispielsweise in Böhl-Iggelheim, hier herrscht ein mildes Weinbauklima. Wenn Sie in einer raueren Gegend wohnen oder bei Ihnen der Herbst mit kühlen Nächten früh einsetzt, kann oft nur bis Mitte oder Ende September geerntet werden. Dieses Zeitfenster für die Ernte ist unter anderem ausschlaggebend bei der Sortenwahl. Es gibt also verschiedene Faktoren, die das Wachstum, den Ertrag und auch den Geschmack der Tomaten beeinflussen.

Wo wohnen Sie?

Tomaten lieben Wärme, im kalten Spessart fühlen sie sich deshalb gar nicht so wohl wie beispielsweise an der Weinstraße. Außerdem wird es in höheren Regionen nicht so warm im Sommer wie anderswo. In kühleren Gegenden, in denen später gepflanzt werden kann, sind frühreifende Sorten gerade richtig. Sie reifen schneller und können im Herbst noch geerntet werden. ‘Maiglöckchen’ und ‘Early Yellow Striped’ kann ich hier empfehlen und ‘Homosa’, die auch in kühlen Sommern ihr feines Aroma bewahren.

Wo soll die Tomate wachsen?

Nicht jeder hat einen Garten und genug Fläche für Gemüse, Obst, Rasen und Zierpflanzen. Deshalb muss man aber noch lange nicht auf leckeres selbst gezogenes Gemüse verzichten. Allerdings eignet sich nicht jede Tomatensorte für ein Leben im Topf. Eine pflegeleichte Topftomate ist zum Beispiel ‘Pendulina’.

Viele Gärtner haben sich speziell für ihre Lieblinge ein Tomatenhaus gebaut, denn die Gemüse-Diven können Regen und starken Wind nicht so gut vertragen. Trotzdem gibt es auch Sorten wie zum Beispiel 'De Berao', die durchaus im Freiland ohne Schutz gedeihen.

Abstand halten! Meine Tomaten bekommen ausreichend Platz, und deshalb sind sie auch so gesund.

Experimentieren erlaubt

Wie alle Lebewesen haben auch Tomaten individuelle Bedürfnisse, und die müssen berücksichtigt werden. Eine Tomate, die auf der Samenpackung als köstlich im Geschmack beschrieben wird, kann bei verschiedenen Wachstumsbedingungen ganz unterschiedlich schmecken. Sie kann sich prächtig entwickeln oder aber ständig krank sein und nur wenige Früchte tragen.

Gut, dass es so viele unterschiedliche Sorten gibt. Es findet sich für jede Standortbedingung garantiert die richtige Sorte. Wenn sich die Pflanzen richtig wohl fühlen in Ihrem Garten und die Anbaubedingungen passen, können Sie von jeder Pflanze etwa 5 – 10 kg Tomaten ernten, teilweise auch 15 kg und mehr. Bei den niedrigen Topftomaten wird der Ertrag aber geringer ausfallen.

Und experimentieren ist unbedingt erlaubt. Probieren Sie möglichst viele Tomatensorten aus und führen Sie ein Tomaten-Tagebuch über das Wetter, die Entwicklung der Pflanzen und den Ertrag. Nach ein paar Jahren werden Sie Ihren Favoriten herausgefunden haben.

WAS TOMATENLIEBHABER WISSEN WOLLEN

- **Wie viel Platz brauchen Tomaten?**
  Das kommt auf die Sorte an. Bei Stabtomaten sind etwa zwei bis drei Pflanzen je Quadratmeter empfehlenswert, Buschtomaten nehmen durch ihre Wuchsform schon sehr viel mehr Platz ein. Da sie zwei- bis viertriebig gezogen werden, beanspruchen sie oft einen Quadratmeter pro Pflanze. Jeder Trieb wird wie eine Stabtomate hochgebunden und ausgegeizt.
- **Müssen bei Tomaten die Blätter entfernt werden?**
  Bei sehr blattreichen Sorten lohnt es sich, hier und da Blätter zu entfernen, denn dadurch wird die Pflanze besser durchlüftet und ist weniger krankheitsanfällig. Aber gehen Sie umsichtig vor, um der Pflanze keinen Schaden zuzufügen.
- **Sind grüne Tomaten giftig?**
  Es gibt verschiedene grüne Tomatensorten, die auch im reifen Zustand grüne, genauer gesagt im vollreifen Zustand gelbgrüne Früchte tragen. Solche Sorten, wie zum Beispiel 'Green Doc' und 'Green Sausage', 'Grüne Ananas' oder 'Lime Green Salad' wurden früher häufig angebaut, weil sie einen sehr guten Geschmack haben.
  Typisch für alle reifen Tomaten ist es, dass sie bei Druck etwas nachgeben. Nicht ausgereifte grüne Tomaten dagegen sind fest und enthalten das giftige Solanin, das auch beim Kochen nicht zerstört wird. Unreife, noch grüne Tomaten sollten Sie auf keinen Fall essen.

Von Ochsenherzen bis Wildtomaten

Es ist gar nicht so einfach, die vielen verschiedenen Tomatensorten zu unterscheiden, und selbst in Fachkreisen ist man sich nicht ganz einig, welche Kriterien wichtig und ausschlaggebend sind. Im Grunde genommen reichen aber die Wuchsform und die Fruchtform aus, um jede Sorte gut zuordnen zu können.

Stabtomate

Stabtomaten sind recht pflegeleicht, da sie wenige Geiztriebe bilden. Sie werden im Freiland in unseren Lagen 1,60 – 2,50 m hoch. Die Früchtevielfalt ist groß: Von Cocktail- bis Fleischtomaten sind alle Formen vertreten.

Buschtomate

Ich empfehle meinen Kunden, die ihre Tomaten in Töpfen kultivieren, am liebsten Buschtomaten. Sie sind auch gut in Ampeln aufgehoben und wachsen dann praktisch „in den Mund hinein". Außerdem sind sie pflegeleicht, denn das Ausgeizen entfällt.

Datteltomate

Eigentlich sind Datteltomaten nichts anderes als knackige, längliche Cocktailtomaten. Die wohl beste Eigenschaft der meist einfach zu kultivierenden Sorten ist ihre Haltbarkeit: Bei Zimmertemperatur halten sie zwei bis drei Wochen.

Cocktailtomate & Rispentomate

Cocktailtomaten haben kleine Früchte, die besonders süß schmecken. Die wüchsigen Pflanzen werden über 3 m hoch und bilden viele Geiztriebe.
Das Merkmal der Rispentomaten ist klar: Die Früchte sitzen schön aufgereiht an einer Rispe.

Fleischtomate

Fleischtomaten sind sehr vielgestaltig: von birnenförmig über flachrund bis rund. Sie haben viele Saftkammern. Ihr festes Fruchtfleisch mag ich besonders gern. Aufgrund ihrer Größe brauchen sie mehr Zeit zum Reifen, daran sollten Sie bei der Sortenwahl denken.

Eiertomate

Eiertomaten erkennt man an ihren ovalen Früchten. Das Schöne an dieser Tomatengruppe ist, dass in der Küche nur wenig an den Tomaten weggeschnitten werden muss. Die Vielfalt reicht in Punkto Größe von 60 cm hohen Topftomaten bis zu 3 m hohen Sorten.

Ochsenherztomate

Die dünne, weiche Haut ist das Besondere der Ochsenherztomaten – und natürlich ihre typische Form. Das Fleisch hat wenig Kerne. Die Früchte können bis 1 kg schwer werden und wachsen erstaunlicherweise an zierlichen 1–2 m hohen Pflanzen.

Flaschentomate

Flaschentomaten sind recht groß und länglich und haben eine etwas untypische Tomatenform. Die Sorten, die ich anbaue, sind sehr aromatisch, einige auch saftig. Flaschentomaten wachsen auch sehr gut in Kübeln.

Zum Anbeißen

Sorten-porträts

Die folgenden Sortenbeschreibungen stellen nur einen kleinen Teil der immensen Vielfalt von samenfesten Sorten dar. Viele von ihnen wurden in Gärten ausgelesen, jahrelang erhalten und sie haben sich auch ohne intensive Züchtung bewährt.
Auch in meinem Garten habe ich in den letzten 15 Jahren über 400 Sorten angebaut und sie nach Aroma, Robustheit und Schönheit ausgewählt. Hier stelle ich Ihnen meine besten, schönsten und interessantesten Lieblingssorten vor.

Allure

KULTUR: *Topf, Gewächshaus, Freiland mit Regendach*
WUCHS: *40 cm hoch, Buschtomate*
FRUCHT: *4 – 6 cm, orange, weich behaart*

Kaum eine Tomatensorte lässt sich so leicht erkennen wie 'Allure'. Sie wird nicht hoch, nur 40 cm, und ist komplett mit weichen feinen Haaren besetzt. Und weil auch die orangefarbenen Früchte flaumig weich sind, zählt sie bei mir zu den „Kuscheltomaten".
'Allure' ist eine typische Topftomate, die unbedingt vor Nässe geschützt werden muss. Zu lange bleibt die Feuchtigkeit von Regen oder morgendlichem Tau an ihr haften und bietet so ideale Bedingungen für einen Pilzbefall. Am besten gedeiht und fruchtet sie in einem 15 – 20-l-Topf auf einem sonnigen überdachten Balkon.
'Allure' reift grün geerntet gut nach und lässt sich zwei bis drei Monate lagern. Die Früchte sind sehr schnittfest und von einem würzigen, aromatischen Geschmack. Ich verwende sie für Salate, aber auch für Soßen und Suppen. So verarbeitet lässt sich 'Allure' auch gut einfrieren.

ÄHNLICHE SORTE: 'Brandywine' (behaart)

„Bei allen behaarten Tomaten empfehle ich unbedingt ein Regendach. Durch die Behaarung sammelt sich an der Pflanze und den Früchten viel Feuchtigkeit, die nur langsam abtrocknet. Die Gefahr des Pilzbefalls, allen voran mit Braunfäule, ist deshalb sehr hoch."

Amore

KULTUR: *Topf, Freiland mit und ohne Regendach, Gewächshaus*
WUCHS: *2–2,50 m hohe Stabtomate*
FRUCHT: *1–2 cm, rote Rispencocktailtomate*

'Amore' ist eine knackige rote, runde Cocktailtomate, deren Früchte an bis zu 40 cm langen Rispen reifen. Ich habe sie vor ein paar Jahren auf einem französischen Wochenmarkt als Früchte gekauft. Auf meine Frage, ob es sich um eine Hybride handeln würde, meinte die Verkäuferin: „Nein, das sind Echte! Wir ziehen sie aus unserem eigenen Saatgut." Nun habe ich die Sorte schon seit ein paar Jahren nahezu unverändert im Anbau. 'Amore' ist bei meinen Kunden sehr beliebt. Sie gedeiht im Freiland und noch üppiger im Gewächshaus.

Die wüchsigen Pflanzen bilden viele Geiztriebe. Für eine größere Ernte kann die Pflanze mit zwei bis drei Stämmen gezogen werden. Als Cocktailtomate reift 'Amore' gut in 20-l-Töpfen. Dort bleiben die Pflanzen mit 1,50–2 m etwas niedriger als ausgepflanzte Exemplare.

Die Ernte setzt ab Mitte Juli ein. Ihre fruchtig-würzigen Früchte sind relativ platzfest, können aber oft eine festere Schale entwickeln. Die langen Tomatenrispen eignen sich toll zum Dekorieren und Naschen; allerdings dauert es Wochen, bis alle Früchte komplett gereift sind.

ÄHNLICHE SORTEN: 'Freude', 'Besser'

Angora Supersweet

KULTUR: *Gewächshaus, warmer geschützter Standort im Freiland mit Regendach*
WUCHS: *2,50 m hoch, Stabtomate, mehrtriebig*
FRUCHT: *2 – 3 cm große Cocktailtomate*

Zu den „Pralinen“ unter den Tomaten zählt ‘Angora Supersweet’. Ihr Fruchtfleisch ist intensiv süß und fruchtig. Die Schale ist dick, aber weich, flaumig behaart und hat einen feinen herben Geschmack. Schon halbreif im hellroten Zustand schmecken die Früchte sehr angenehm süß, das Geschmacksoptimum ist allerdings erst bei tiefroter Färbung erreicht. Ab Ende Juli kann geerntet werden und spätestens dann zeigt ‘Angora Supersweet’ ihre Stärke: Sie produziert enorm viele Früchte bis zum ersten Frost. Sind dann noch grüne Früchte am Strauch, reifen sie im Haus gut nach und halten mehrere Wochen.
Ich habe bei ‘Angora Supersweet’ festgestellt, dass die Früchte bei einer Kultivierung im Freiland und bei unregelmäßigen Wassergaben im Herbst mitunter aufplatzen. Im Freiland mit Regendach und bei reduzierten Wassergaben bleiben sie dagegen fest. Die Pflanze ist übrigens auch optisch ein Genuss. Blätter und Stängel sind dicht silbrig grau behaart und schimmern blaugrau. ‘Angora Supersweet’ ist sehr wüchsig und verzweigt sich stark. Die Sorte bereitet viel Arbeit: Sie entwickelt viele Geiztriebe, oft schon an noch nicht abgeernteten Fruchtständen. Schon bei einer Länge von 10 cm fangen diese Triebe zu blühen an und das Ausgeizen fällt dann schwer. Es sollte konsequent ausgegeizt werden um nicht in einem Tomatendschungel zu enden. Ich ziehe sie zwei- bis viertriebig, weil die Ernte dann höher ausfällt. Geben Sie der Pflanze viel Platz, am besten einen Quadratmeter, und machen Sie sich die Mühe, sorgfältig auszugeizen – es lohnt sich!

ÄHNLICHE SORTE: ‘Velved Red’

Auriga, Orange Favourite

Wer nicht allzu viel Zeit hat für die Gartenarbeit und die Sonnenstrahlen lieber im Liegestuhl genießen möchte, dem möchte ich ‘Auriga’ ans Herz legen. Es handelt sich um eine Züchtung aus dem Osten Deutschlands, die sich im Freiland wirklich bewährt hat. In Anzucht und Pflege bis zum Auspflanzen unterscheidet sie sich zwar nicht von ihren Tomatenschwestern, aber sie bildet nur wenige Geiztriebe. Es muss also kaum ausgegeizt werden und das ist wirklich eine Arbeitsersparnis im Vergleich zu anderen Sorten. ‘Auriga’ entwickelt bereits ab Mitte Juli Früchte und wie bei vielen orange gefärbten Tomaten ist ihr Aroma gerade zu Beginn der Fruchtreife am besten. Ihr Geschmack ist dann fruchtig mit einer angenehm sauren Note. Wenn sie zu lange am Strauch hängt und eine rotorange Färbung angenommen hat, schmeckt sie etwas mürbe und mehlig. Bis Mitte Oktober kann geerntet werden, wobei nicht ausgereifte Früchte gut im Haus nachreifen. Die Tomaten können als Naschfrucht frisch oder im Salat gegessen werden. Sie eignen sich außerdem für die Zubereitung von Suppen und Soßen. Will man einige Samen zur Neuaussaat behalten, müssen die Pflanzen während der Blühphase etwas abseits stehen, denn ‘Auriga’ verkreuzt sich schnell mit anderen Tomaten, sodass die Früchte aus der Nachzucht dann durchaus anders aussehen und auch schmecken können. Aber vielleicht lieben Sie ja Überraschungen; einen Versuch ist es auf jeden Fall wert.

KULTUR: *Freiland mit und ohne Regendach, Gewächshaus*
WUCHS: *2 m hoch, Stabtomate*
FRUCHT: *4 – 6 cm, orangegelb*

ÄHNLICHE SORTE: ‘Earl of Edgecombe’

Banana Legs

KULTUR: *Freiland mit Regendach, Topf*
WUCHS: *60 cm hoch, Stabtomate*
FRUCHT: *6–10 cm, goldgelb-orangegelb gestreift, Flaschentomate*

Diese Sorte wurde 1980 gezüchtet und steckt voller Überraschungen was ihre Fruchtgröße angeht. An mageren Standorten werden die länglichen, wunderschön goldgelb bis orangegelb gestreiften Früchte kaum 5 cm lang. In nährstoffreicher Blumenerde können sie dagegen bis zu 15 cm groß und 5 cm dick werden. Die sehr schnittfesten Früchte enthalten wenig Wasser, sind aber nur bei Überreife oder sehr ungünstiger Witterung mehlig. Ärgerlich ist allerdings der Hang zur Fruchtendfäule oder auch Blütenendfäule, verursacht durch Kalziummangel. Der Mangel entsteht bei stark schwankender Wasserversorgung. Die Früchte haben braunschwarze, mehr oder weniger große eingesunkene Flecken und sind kaum noch zu gebrauchen. Es lohnt sich aber, rechtzeitig einen Kalziumflüssigdünger anzuwenden, der die Symptome mildern oder sogar beheben kann. Zur Saisonmitte verschwindet die Fruchtendfäule oft von allein.
Am besten gedeiht 'Banana Legs' in 20–30 cm großen Töpfen. Auf dem Balkon macht sie schon während des Wachstums mit dem sehr schmalen, blaugrünen, in sich gedrehten Laub eine gute Figur. Die fruchtig-würzigen, leicht süßen Tomaten können bis Mitte Oktober geerntet werden und reifen auch noch gut nach. Sie können zu Soßen und Suppen verarbeitet werden, 'Banana Legs' schmeckt aber auch lecker mit einer Frischkäsefüllung. Die Früchte lassen sich ideal mit den hübschen Tomatensorten 'Green Sausage' oder 'Striped Roman' auf einer bunten Salatplatte kombinieren.

ÄHNLICHE SORTE: 'Striped Roman' (gelb)

Baselbieter Röteli

Ihr Name deutet schon auf ihre Herkunft hin: Die 'Baselbieter Röteli' stammt aus der Schweiz, aus dem Kanton Baselland. Das Besondere an der Sorte ist vor allem ihre Kältetoleranz, die eine lange Ernte ermöglicht. In kühlen Nächten und auch bei starkem Regen platzen die Früchte zwar mitunter auf, doch verheilen die Wunden sehr schnell. Die 'Baselbieter Röteli' können als ein Paradebeispiel für ein breites Sortenspektrum angesehen werden. Gerade in höher gelegenen Regionen ist der Anbau der kälteempfindlichen Tomaten oft problematisch, sodass nur speziell für den Standort angepasste Sorten, wie die 'Baselbieter Röteli', empfohlen werden können.

Die ovale, rote, saftige Datteltomate erreicht mit über 2 m eine stattliche Höhe und kann mehrtriebig gezogen werden. Von Mitte Juli bis Mitte Oktober entwickeln sich zahlreiche Früchte. Aufgrund ihrer Robustheit ist 'Baselbieter Röteli' für den Anbau im Freiland geeignet. Mit oder ohne Regendach – das müssen Sie allerdings selbst ausprobieren. Vielleicht pflanzen Sie zwei Tomaten nebeneinander, einmal mit und einmal ohne Regendach. So haben Sie den direkten Vergleich, unter welchen Bedingungen mehr geerntet werden kann und sich die Pflanzen besser entwickeln. 'Baselbieter Röteli' ist kulinarisch vielseitig verwendbar: als Naschtomate, für Suppen und Soßen.

KULTUR: *Freiland mit und ohne Regendach*
WUCHS: *bis 2,50 m hoch, Stabtomate*
FRUCHT: *3 – 5 cm groß, rote Datteltomate*

ÄHNLICHE SORTEN: 'Fioline', 'Zuckerpflaume'

Berner Rosen

KULTUR: *Freiland mit Regendach, Gewächshaus*
WUCHS: *1,60 m hoch, Stabtomate*
FRUCHT: *5 – 10 cm groß, runde, etwas abgeflachte, rosafarbene Tomate*

Dass die alte Sorte 'Berner Rosen' in der Schweiz gezüchtet wurde, ist wohl unbestritten. Ob sie tatsächlich aus Bern stammt, kann nicht zweifelsfrei behauptet werden. Sie ist auf jeden Fall ein Tomatenklassiker und hoch aromatisch. In kühlen Sommern bewahrt sie ihr feines Aroma oft sogar besser als in sehr heißen Sommern. Ein Grund für neue Tomatenzüchtungen ist bekanntlich die schwache Ertragsleistung alter Sorten. Auch 'Berner Rosen' kann nicht mit einer großen Ernte aufwarten. Außerdem beginnt die Ernte oft erst im August und hält nicht lange an. Doch bei dieser Sorte ist nicht die Menge, sondern das Aroma der Früchte entscheidend. Es gibt sogar eine Neuzüchtung mit gleichem Namen und deutlich höherem Ertrag, das Aroma ist gut, kommt aber nicht an das der ursprünglichen Sorte heran. Eine Kultur im Topf kann durchaus einmal ausprobiert werden. Ich habe aber festgestellt, dass sich 'Berner Rosen' im Freiland mit einem Regendach wohler fühlen und sich dementsprechend auch besser entwickeln. Schön ist, dass sich nur wenige Geiztriebe entwickeln. Bei diesem Geschmack ist die Verwendung der Tomaten eigentlich klar: Sie müssen frisch gegessen werden. Aber auch Soßen und Suppen verleiht sie ihre Aromen.

ÄHNLICHE SORTE: 'Bulgarische Ochsenherztomate' (ähnliches Aroma)

„Für mich sind die 'Berner Rosen' der absolute Klassiker unter den Tomaten. Ihr Aroma ist eine wunderbare Mischung aus Süße und Würze. Die Schale ist sehr dünn und weich und das Fruchtfleisch zart schmelzend – ein Genuss!"

Birnenförmige Cocktailtomaten

Die hübsche birnenförmige Form macht diese 3–4 cm großen Cocktailtomaten in Rot oder Gelb besonders bei Kindern beliebt. Die lustigen Früchte schmecken saftig, fruchtig und sind schnittfest. Gelbfrüchtige sind fruchtig im Geschmack, aber leider hin und wieder mehlig. Bei den roten Früchten, auch unter dem Namen 'Red Pears' bekannt, kommt das nicht vor, außerdem ist ihr Aroma würziger. Für eine Topfbepflanzung sind diese Cocktailtomaten nicht geeignet; sie werden einfach zu groß. Eine Kultur im Freiland, mit oder auch ohne Regendach, ist genau richtig. Leider ist diese Tomate etwas pflegeintensiver als andere, da sie sehr viele Geiztriebe bildet, auch massenhaft an den Fruchttrieben. Zum Ausgeizen nehme ich mir deshalb immer etwas mehr Zeit. Das zahlt sich beim Ertrag auf jeden Fall aus.

KULTUR: *Freiland mit und ohne Regendach*
WUCHS: *2–2,50 m hoch, sehr wüchsige Stabtomate*
FRUCHT: *2–4 cm große, ovale, rote oder gelbe Cocktailtomaten in typischer Birnenform*

Ende Juli bis Ende September ist Erntezeit. Nicht ausgereifte Früchte reifen im Haus noch gut nach. Da vollreife Früchte leicht platzen, lohnt es sich, mit der Ernte etwas früher zu beginnen. Hin und wieder platzen Früchte auch dann auf, wenn es in trockenen Sommern zu einem ständigen Wechsel zwischen Trockenheit und Feuchtigkeit kommt. Ich lege dann besonders viel Wert darauf, dass die Pflanzen regelmäßig gewässert werden. Die intensive Farbe der Tomaten macht sie zu einer idealen Dekoration für Salate und Gemüseplatten. Dazu halbiert man die Früchte und garniert nach Belieben.

ÄHNLICHE SORTEN: 'Baselbieter Röteli', 'Gelbe Birnchen' (beide oval)

Black and Red Boar

KULTUR: *Gewächshaus, Freiland mit Regendach*
WUCHS: *1 – 1,40 m hoch, Stabtomate*
FRUCHT: *8 – 12 cm, rot-schwarzgrün gestreift, rund*

Dekorative und zugleich schmackhafte Früchte – so könnte in Kurzform die Beschreibung von 'Black and Red Boar' ausfallen. Ihr Aroma ist fruchtig-süß mit einer feinen Würze. Die Frucht ist saftig und so groß, dass sie durchaus zu den Fleischtomaten gezählt werden kann. Ein Vergleich mit der ähnlichen 'Black Zebra' liegt nahe, allerdings schmecken die Früchte von 'Black and Red Boar' sehr viel fruchtiger und reifen außerdem noch früher.
Die wenigen Geiztriebe, die sich entwickeln, sind schnell entfernt, sodass man die Sorte fast schon als pflegeleicht einstufen könnte. Doch ganz so einfach ist es nicht mit ihrer Kultivierung; sie ist ein wenig empfindlich. Sie kann zwar im Freiland gezogen werden, braucht dann aber unbedingt ein Regendach, denn die Früchte sind dünn- und weichschalig und platzen bei kühler Witterung außerdem schnell auf. Am besten gedeiht sie deshalb im Gewächshaus.
Ab Mitte Juli bis Ende Oktober können Sie viele Früchte ernten. Noch nicht ausgereifte reifen gut nach.
Die rot und schwarzgrün gestreiften, runden Tomaten sind allein schon ein Augenschmaus. Sie sind schnittfest und saftig und deshalb liebe ich optisch und kulinarisch vor allem einen Salat aus den Früchten.

ÄHNLICHE SORTEN: 'Black Zebra', 'Guernsey Island', 'Gestreifte Mittelgroße'

„Die kleine 'Black Plum' ist eine meiner Lieblingssorten. Sie reift früh, ist robust und trägt reich und sehr lange."

Black Plum

'Black Plum' baue ich seit mehr als zehn Jahren an. Noch mehr als die große 'Black Plum' mit den 5–6 cm großen Früchten fasziniert mich die kleinere Sorte. Sie ist auch unter den Namen 'Schwarze Pflaume' und 'Drei kleine Mohren' erhältlich. Die braunroten Früchte können bei mehrtägiger Lagerung bei Zimmertemperatur einen sehr hübschen braunvioletten Farbton annehmen. Wie die größere 'Black Plum' haben auch die kleineren Früchte den sortentypischen grünschwarzen Stielansatz. Ihr Geschmack ist würzig, fruchtig und sie findet bei zahlreichen Tomatenverkostungen großen Anklang. Im Gewächshaus kann die wüchsige Pflanze über 3,50 m hoch werden! Ich habe sie sowohl im Freiland als auch im Gewächshaus mit gutem Ertrag angebaut. Ihr Aroma ist auf Sandböden besonders gut.

Die Sorte – und das mag ich besonders – ist sehr unkompliziert und nimmt auch versäumtes Ausgeizen und Gießen nicht gleich übel. Sie wird im Freiland zwar über 2 m hoch, kann aber auch mehrtriebig und niedriger gezogen werden. Außerdem sind die Früchte recht platzfest.

Geerntet wird ab Ende Juli – ohne Regendach bis Ende September, mit Regendach reifen die Früchte bis zum ersten Frost. Selbst in schlechten Tomatenjahren brachte die kleinfrüchtige 'Black Plum' die zuverlässigsten Erträge im Freiland – man kann sich also auf sie verlassen! 'Black Plum' kommt bei Verkostungen gut an, weil sie auch roh lecker schmeckt. Ich verwende sie aber am liebsten für Tomatensoße, wegen der schönen dunklen Färbung.

KULTUR: *Freiland mit und ohne Regendach*
WUCHS: *2,20–2,60 m hohe Stabtomate*
FRUCHT: *2,50–5 cm, länglich-eiförmig, dunkelbraun-grün*

ÄHNLICHE SORTE: Es gibt auch eine mittelgroße 'Black Plum', die sich bei mir aber nicht sehr gut bewährt hat.

Blue Osu

KULTUR: *Gewächshaus*
WUCHS: *1,80 m hoch, Stabtomate*
FRUCHT: *2–4 cm, kugelrund, im unreifen Stadium grün, dann blau, zur Reife nach violett-dunkelrot wechselnd*

Eine wirklich blaue Tomate ist die 'Blue Osu'. Blaue Tomaten wurden unter anderem an der Oregon State University in den USA gezüchtet und später von verschiedenen Liebhabern weiterentwickelt. In Deutschland sind sie erst seit wenigen Jahren verbreitet.
Die Sorte wächst am besten im Gewächshaus und wird etwa 1,80 m hoch. Spektakulär ist die glänzend grün-tiefblaue Fruchtfärbung, später mit der Genussreife verfärben sich die Tomaten violett-dunkelrot. Es ist also ganz wichtig, dass Sie nicht die blauen, noch unreifen Tomaten ernten, auch wenn sie noch so toll aussehen.
Den Geschmack von blauen Tomaten finde ich nicht ganz so herausragend: Sie sind festfleischig und schmecken würzig-fruchtig.
Für Salate eignen sich die Tomaten besonders gut. Zusammen mit gelben Früchten kommt die blaue Farbe besonders gut raus.

ÄHNLICHE SORTE: 'Dancing with Smurfs'

Brown Berry

Diese braune, fruchtig-süße Cocktailtomate wird sehr früh reif und kann bis in den September hinein geerntet werden. Für etwas kühlere Regionen mit einem kurzen Sommer ist sie deshalb sehr zu empfehlen. Letztes Jahr habe ich 'Brown Berry' im Gewächshaus kultiviert und bereits Anfang Juli erste reife Früchte gepflückt. Die letzten Tomaten waren Anfang Oktober erntereif. Trotzdem rate ich zum Anbau im Freiland – die Früchte schmecken einfach besser. Die ähnliche 'Black Cherry' entwickelt dagegen auch im Gewächshaus ein leckeres Aroma. 'Black Cherry' ist in der Schale dunkler und schmeckt etwas süßer als 'Brown Berry'.
'Brown Berry' kann im Freiland auch ohne Regendachdach gezogen werden. Sie ist sehr unproblematisch und außerdem relativ platzfest. Und sie ist wenig anfällig gegenüber der gefürchteten Braunfäule. Häufig wird sie als Tomatenrarität beschrieben, denn es gibt nur wenige braune Cocktailtomaten. Sie trägt im Gewächshaus gut, der Geschmack ist aber unbefriedigend.
Am besten schmeckt die Frucht frisch gepflückt, macht sich aber auch in Salaten bestens. Und wenn die Tomatenernte so groß ausfällt, dass man mit dem Essen nicht mehr hinterherkommt, dann können natürlich Soßen und Suppen zubereitet werden.

KULTUR: *Freiland mit und ohne Regendach*
WUCHS: *2 m hoch, Stabtomate*
FRUCHT: *2,50–3 cm große, runde, braunrote Cocktailtomate*

ÄHNLICHE SORTE: 'Black Cherry'

„Richtige Ochsenherztomaten, wie die 'Bulgarische Ochsenherz', haben durchgängiges Fruchtfleisch ohne Saftkammern, sehr wenig Kerne und ein süßliches Aroma. Ihre Schale ist sehr dünn und weich."

Bulgarische Ochsenherztomate

KULTUR: *Gewächshaus, Freiland mit Regendach*
WUCHS: *1,40 m hoch, Stabtomate*
FRUCHT: *8 – 15 cm groß, bis 1 kg schwer, rosarot, rund bis flachrund*

Ochsenherztomaten tragen ihren Namen zu Recht: Sie haben eine recht unterschiedliche Gestalt und bringen pro Frucht mitunter 1 kg auf die Waage. Form und Gewicht erinnern durchaus an ein Ochsenherz. 1901 soll eine russische Züchtung erstmals nach Amerika gebracht worden sein. Rosarote, große, runde bis flachrunde oder herzförmige Tomate mit dünner, weicher Schale, wenig Kernen und sehr feinem, süß fruchtigem Geschmack – so kann man diese Sorte treffend beschreiben. Sie trägt viele schwere Früchte, die Pflanze selbst ist dabei eher zierlich und klein, mit sehr schmalem und gedrehtem Laub. Ich binde die Tomatenpflanzen gut an die Stäbe an, damit sie bei Wind nicht so schnell umfallen oder die Stängel abknicken. Unter die Fruchtstände stelle ich zum Abstützen Kisten. Im Gewächshaus kann man die Triebe aber auch an einer Stange über den Pflanzen fixieren. Das erleichtert das Ausgeizen und Ernten. Allerdings fällt in Bezug auf das Ausgeizen nicht viel Arbeit bei der 'Bulgarischen Ochsenherztomate' an.
Der Ertrag ist mittel bis gut, geerntet wird ab Anfang Juli bis Ende September im Freiland und bis Oktober im Gewächshaus. Im August kann es zu einer zweiwöchigen Erntepause kommen.
Ochsenherztomaten eignen sich gut für Suppen und Soßen, weil sie lecker schmecken und schnell verarbeitet werden können. Unschlagbar sind die großen Früchte allerdings für Insalata Caprese, den berühmten Mozzarella-Tomaten-Salat mit Basilikum und Olivenöl.

ÄHNLICHE SORTEN: 'Russisches Ochsenherz', 'Schlesische Himbeere'

De Berao

Mitunter wird die Sorte 'De Berao' fälschlicherweise auch als Baumtomate bezeichnet, weil sie über 3 m hoch werden kann. Die richtige Baumtomate sieht allerdings ganz anders aus. Sie ist zwar auch ein Nachtschattengewächs, zählt aber zur Gattung *Solanum*. Wissenschaftlichen Untersuchungen zufolge gehört 'De Berao' zu den zehn am besten geeigneten Freilandtomaten, und sie hat sich auch bei mir sehr gut behauptet. Sie ist robust und wenig anfällig gegenüber Braun- und Krautfäule. Außerdem fällt der Ertrag im Freiland genauso hoch wie im Gewächshaus aus.
Es gibt unterschiedliche Typen, die sich in ihrer Form schwach, aber im Geschmack stark unterscheiden. 2009 hatte ich die Nachzucht eines Sortentypes aus Weißrussland angebaut. Trotz des kühlen Wetters entwickelte diese Tomate ein gutes fruchtig-würziges Aroma. Es gibt die 'De Berao'-Sorten in Schwarz, Gelb, Rot und Rosa. Sie sind alle aufgrund ihrer Robustheit und ihrer Ertrages sehr lohnenswert. Ich lasse die Pflanzen übrigens nicht so hoch werden, sondern entspitze sie regelmäßig, damit sie etwas niedriger bleiben. Natürlich können sie auch schräg gezogen werden. Denn das erleichtert sowohl die Pflege als auch die Ernte.
Von Mitte Juli bis Ende Oktober können Früchte geerntet werden, die im Sommer zwei Wochen, ab Herbst bis zu zwei Monate lagerfähig sind. Oft habe ich die formschönen, ebenmäßigen Früchten in ihren unterschiedlichen Farben wochenlang auf einem Bambusteller liegen oder präsentiere sie auf meinen Ausstellungen. Die Früchte lassen beim Schneiden wenig Abfall übrig und schmecken in Salaten gut.

KULTUR: *Freiland mit und ohne Regendach*
WUCHS: *bis über 3 m hoch, robuste Stabtomate*
FRUCHT: *5 – 7 cm, ovale, ebenmäßig rote, gelbe, rosafarbene oder schwarze Eiertomate*

ÄHNLICHE SORTEN: in Rot: 'Omas Beste', 'Rumänische Flasche' (längere Früchte, niedrigere Pflanzen);
in Rosa: 'Kaukasische Liane' (länglicher);
in Gelb: 'Lämpchen';
in Schwarz: die mittelgroße 'Black Plum'

„'Dreikäsehoch' findet man auch unter den Namen 'Frechdachs' oder 'Gernegroß'."

Dreikäsehoch

KULTUR: *Topf*
WUCHS: *40 cm hoch, reich verzweigte Buschtomate*
FRUCHT: *1–2 cm große, runde Cocktailtomate*

Die Sorte stammt wahrscheinlich aus England und heißt eigentlich 'Whippersnapper'. Übersetzt bedeutet das 'Dreikäsehoch' oder 'Frechdachs'. Es ist eine reich verzweigte Sorte, die nur 40 cm hoch wird, also ideal für Töpfe, Balkonkästen und Blumenampeln geeignet ist. Die Triebe können Sie zwar aufbinden, aber die Buschtomate wächst besonders schön, wenn sie Platz hat, um sich auszubreiten. Ich lasse die vielen kleinen Triebe einfach wachsen. Sie legen sich dann gerade bei Blumenampeln schön auf den Boden und wachsen über den Topf hinaus nach unten. Ein weiterer Vorteil ist, dass die Pflanzen nicht ausgegeizt werden müssen.
'Dreikäsehoch' ist sehr beliebt, vor allem bei Balkonbesitzern. Im Gegensatz zu vielen anderen Topftomaten reift sie nämlich sehr früh und hat eine lange Erntedauer bis zum Frost. Die Pflanzen tragen reichlich die typischen Cocktailfrüchte, die sehr würzig, fruchtig und süß im Geschmack sind.
Die reifen Früchte sind klein und rund bis oval mit einer kleinen Spitze. Mehr als 10 g bringen sie nicht auf die Waage. Die Früchte selbst sind weich, aber mit einer mittelfesten Schale. 'Dreikäsehoch' ist eine typische Naschtomate, die sich in Salaten oder auf Käseplatten als Dekoration sehr gut macht.

ÄHNLICHE SORTEN: 'Huberts Beste' (oval), '42 Days', 'Yellow Tumbler' (gelb), 'Pendulina' (orange)

Early Yellow Striped

KULTUR: *Gewächshaus, Freiland mit Regendach*
WUCHS: *1,80 m hoch, Stabtomate*
FRUCHT: *5 – 7 cm, rund, manchmal leicht abgeflacht, rosarot*

Eine wunderschöne mittelgroße, runde, manchmal abgeflachte Tomate in Rosarot – das ist 'Early Yellow Striped'. Und ihr Name ist Programm: Sie hat nicht nur gelbe Streifen, sondern reift auch sehr schnell, sodass schön früh, ab Anfang Juli, mit der Ernte begonnen werden kann.
Verschiedene Versuche in meinem Garten haben gezeigt, dass die Sorte bei einem Anbau im Freiland unbedingt ein Regendach benötigt, da die dünne Schale sehr empfindlich ist und schnell aufplatzt. Die besseren Ernteergebnisse mit unversehrten Früchten habe ich im Gewächshaus erreicht. Letztes Jahr entwickelten sich zwar auch im Freiland ganz gesunde und glattschalige Früchte, aber als die Nächte im September kühler wurden, bildeten sich Risse in der Schale. Nur in den wärmsten Sommerwochen bleiben die Früchte unversehrt.
Die Früchte von 'Early Yellow Striped' sind saftig und fruchtig-süß mit einem herrlichen Aroma. Sie schmecken ganz frisch einfach köstlich, können aber auch für Salate, Suppen und Soßen verwendet werden.

ÄHNLICHE SORTEN: 'Scabitha', 'Tigerella' (rot-gelb gestreift)

Fonarik

KULTUR: *Freiland mit und ohne Regendach*
WUCHS: *2,50 m hoch, Stabtomate*
FRUCHT: *8 – 12 cm lang, orangefarbene Flaschentomate*

'Fonarik' gehört zu meinen zuverlässigsten Freilandtomaten. Die Sorte bildet 8 – 12 cm lange, orangefarbene und festfleischige, aber saftige Flaschentomaten mit fruchtig-würzigem Geschmack. Die mittelfesten Schalen sind recht platzfest und die Früchte auch nach längerer Reifezeit nicht mehlig. Die Erntezeit erstreckt sich von Mitte Juli bis Ende September, unter einem Regendach bis zum Frost. Obwohl die Sorte festfleischig ist, hatte ich bisher noch keine Probleme mit der Fruchtendfäule.
Die wüchsigen Pflanzen werden bis zu 2,50 m hoch, bilden aber nicht viele Geiztriebe. Sie verzweigen sich oft im Anfangsstadium und können dann zwei- dreitriebig gezogen werden. Ihr Platzbedarf liegt bei einem knappen Quadratmeter. Die besten Ernten und Geschmacksergebnisse hatte ich im Freiland ohne Regendach! Die schnittfesten Früchte lassen sich gut füllen und auf Salatplatten verwenden. Sie ergeben eine schön orange gefärbte Tomatensoße.

ÄHNLICHE SORTEN: 'Liana Orangevaja', 'Burning Spear'

Gelbe Cocktailtomate

KULTUR: *Freiland mit und ohne Regendach, Topf*
WUCHS: *2 m hoch, breit verzweigt*
FRUCHT: *1 – 2 cm, gelbe Cocktailtomate*

Die 'Gelbe Cocktailtomate' ist eine gelbe Wildtomate und ein wahrer Massenproduzent. Sie trägt von Ende Juli bis Mitte Oktober oder sogar bis zum ersten Frost Unmengen an kleinen gelben Tomaten. Sie sind würzig und fruchtig-süß und ihr Aroma bleibt auch dann voll erhalten, wenn der Sommer mal nicht so warm, sondern eher kühl und verregnet ist. Die kleinen gelben Früchte der Cocktailtomate enthalten weniger Säure als beispielsweise Kirschtomaten und sind deshalb besser bekömmlich. Außerdem ist ihre Schale sehr dünn und weich. Sie haben mehr Freude an den Früchten, wenn Sie der 'Gelben Cocktailtomate' ein Regendach geben, um aufgeplatzte Früchte zu vermeiden. Die Früchte reifen übrigens sehr gut nach und sind etwa vier Wochen in kühleren Räumen haltbar. Sie können etwas eher geerntet werden, damit sie nicht aufplatzen.
Die 'Gelbe Cocktailtomate' wird über 2 m hoch und bildet sehr viele Geiztriebe – so viele, dass sich das Ausgeizen gar nicht lohnt. Ich erspare mir diese aufwendige Arbeit deshalb und ernte sicher genauso viel. Die Sorte wird zwar sehr hoch, kann aber sehr gut in großen Kübeln oder in Blumenkästen kultiviert werden. Im Freiland gebe ich ihr einen Quadratmeter Platz und ein pyramidenartiges Gerüst, damit sie sich gut entfalten kann. Die Sorte 'Clementine' ist auch so ein Massenträger. Sie bildet Hunderte von kleinen runden gelben Cocktailtomaten mit Spitze. Die saftigen Früchte schmecken würzig-fruchtig, aber nicht so süß wie die der 'Gelben Cocktailtomate'.

ÄHNLICHE SORTEN: 'Clementine', Orange Wildtomate (gleiche Fruchtform, etwas dunkler)

Gelbes Birnchen

KULTUR: *Topf, Freiland mit Regendach*
WUCHS: *1,60 m hoch*
FRUCHT: *2–4 cm, länglich-ovale Cocktailtomate*

Die hübsche ovale Form dieser länglichen Cocktailtomate ist besonders bei Kindern beliebt. Auch in kühlen Sommern ist ihr Geschmack fruchtig-süß und nicht mehlig, wie es bei anderen gelben ovalen Cocktailtomaten vorkommen kann. Die leckeren Früchte reifen an doldenartigen Fruchtständen mit bis zu 30 Früchten. Sie schmecken mir von allen ovalen gelben Cocktailtomaten am besten.
'Gelbes Birnchen' ist sehr wüchsig und verzweigt sich stark. Das heißt, sie braucht Platz und entwickelt viele Geiztriebe. Außerdem bleibt sie nicht gerade klein, doch trotz ihrer 1,50 m eignet sie sich neben dem Freiland auch für eine Kultur im 20-l-Topf und liefert in beiden Fällen viele Tomaten.
Die Ernte beginnt meistens Mitte Juli. Im Freien, an einem vor Regen geschützten Standort, kann man bis Mitte Oktober oder sogar bis zum Frost ernten. Früchte, die ich nicht zur Samenvermehrung, sondern zum Essen ernte, pflücke ich einige Tage vor der endgültigen Reife ab, damit sie nicht aufplatzen. Im Haus reifen sie dann sehr gut nach. Ihr Geschmack ist würzig und fruchtig-süß, und das auch dann, wenn der Sommer eher kühl und verregnet ist.
Vergleichbar mit dem 'Gelben Birnchen' ist die Sorte 'Gelbe Dattelwein', die auch gut im Topf gedeiht. Der Ertrag der beiden Sorten ist vergleichbar, 'Gelbes Birnchen' ist aber geschmackvoller und damit eine ideale Naschtomate.

ÄHNLICHE SORTE: 'Gelbe Dattelwein'

Gestreifte Pflaume

Die ‘Gestreifte Pflaume’ bringt sehr hübsche, rot-gelb gestreifte, ovale Tomaten hervor. Auch in kühlen Sommern kann reichlich geerntet werden, und zwar ab Ende Juli bis Mitte September. Ich mag besonders ihr festes Fruchtfleisch, denn sie ist eine der wenigen Sorten, die sich bestens für kräftige Tomatensoßen und auch Suppen eignen, weil sie nur wenig Saft enthält. Eine einzelne Tomate kann bis zu 200 g schwer werden. Die Früchte schmecken würzig und fruchtig mit einem leicht säuerlichen Aroma.
Ende Juli gibt es die ersten reifen Früchte und bis Mitte September werden immer neue Tomaten nachgeliefert. Ein großes Plus der Sorte ist die lange Haltbarkeit der Früchte. Es ist kaum vorstellbar, aber selbst im Sommer können sie mehrere Wochen gelagert werden. Gerade wenn viel Gemüse im Garten anfällt, ist die ‘Gestreifte Pflaume’ durch ihre lange Haltbarkeit die beste Wahl.
Ihr idealer Standort ist im Freiland, allerdings muss sie vor Regen geschützt werden. Sie wird mit 1 m aber nicht allzu hoch und kann deshalb auch gut im Topf kultiviert werden. Ich verwende 20-l-Töpfe, die sich bestens bewährt haben.

KULTUR: *Freiland mit Regendach, Topf*
WUCHS: *1 m hoch, Buschtomate*
FRUCHT: *5 – 7 cm, oval, rot-gelb gestreift, Eiertomate*

ÄHNLICHE SORTE: ‘Banana Legs’ (gelb)

Green Doc

KULTUR: *Gewächshaus*
WUCHS: *über 2 m hoch, Stabtomate mit vielen Geiztrieben*
FRUCHT: *2–3 cm große, runde Cocktailtomate*

'Green Doc', auch unter dem Namen 'Grüne Cherry' bekannt, offenbart schon die wichtigste Eigenschaft der Tomate: Sie ist grün – auch im reifen Zustand! Sie brauchen beim Genießen der köstlichen Früchte keine Angst wegen eventueller Giftstoffe zu haben. Ihr Solaningehalt hat sich wie bei den roten Sorten mit der Reife abgebaut. Sie ist eine grüne Rispencocktailtomate mit intensiv fruchtigem Aroma. Sie schmeckt unerwartet fruchtig-süß und würzig.

Am besten gedeihen die grünen runden Früchte im Gewächshaus und liefern hier auch von Mitte Juli bis Ende Oktober einen guten Ertrag. Im Freiland und in kühlen Sommern werden weniger Früchte gebildet. Hinzu kommt, dass 'Green Doc' eine sehr dünne Schale hat. Das ist für den Geschmack zwar von Vorteil, aber sie platzt andererseits schnell auf – was im Freiland noch häufiger der Fall ist.

Leider ist die Sorte etwas arbeitsaufwendiger, denn sie bildet sehr viele Geiztriebe, die sorgfältig ausgebrochen werden müssen. Gerade bei grünfrüchtigen reifen Tomaten überrascht der süße Geschmack, den man aufgrund der Farbe eigentlich nicht erwartet. Das ist auch der Grund dafür, dass ich die Früchte am liebsten frisch vom Strauch oder zu einem Salat mit viel Basilikum verarbeite. Wenn viele Früchte anfallen, wird eine grüne Tomatensoße gemacht. Mit Nudeln gereicht ist das ein schnelles, aber mit einem Aha-Erlebnis gekröntes Gericht, denn grüne Tomatensoßen bekommt man nicht alle Tage.

ÄHNLICHE SORTE: 'Grüne Trauben'

„Wenn es um die Form- und Farbenvielfalt bei Tomaten geht, dann ist 'Green Zebra' immer eine der ersten Sorten, die genannt wird. Tatsächlich sieht sie mit ihren hell- und dunkelgrünen Streifen spektakulär aus."

Green Zebra

Entstanden ist die 'Green Zebra' – oder auch einfach 'Grünes Zebra' genannt – aus einer Kreuzung zwischen vier verschiedenen Samensorten. Das Ergebnis kann sich sehen und schmecken lassen. Die besondere Zeichnung ist charakteristisch für die dekorativen Früchte und wirft sogleich die Frage auf: Wie schmeckt diese Tomate wohl? Mitunter wird das Aroma als melonenartig beschrieben, auf jeden Fall schmeckt 'Green Zebra' sehr intensiv fruchtig-würzig. An trockenen Standorten schmecken die Früchte etwas salzig.
Die Tomaten reifen relativ spät, sodass ich einerseits einen Anbau im Gewächshaus empfehlen kann, vor allem in kühleren Gegenden. In warmen Sommern und in wärmeren Regionen bringt sie aber mehr Ertrag im Freiland. Dafür ist aber die Erntezeit von Mitte Juli bis Ende Oktober unter günstigen Bedingungen sehr lang. Auch unreife Früchte können im Herbst noch geerntet werden, denn sie reifen im Haus gut nach. Die Sorte wird auch für die Topfkultur empfohlen, aber mit ihrer beachtlichen Höhe ist sie dafür nur bedingt geeignet, zumal der Ertrag zu wünschen lässt. Die Gefäße sollten mindestens 20 – 30 l fassen.
'Green Zebra' ist ein wenig empfindlich, eben eine Tomatendiva, und braucht Aufmerksamkeit und Pflege. Bei kühler, nasser Witterung wird sie nämlich schnell von Krautfäule befallen und mit der Platzfestigkeit ist es auch nicht weit her, wobei sich hier die Tomatenexperten nicht einig sind. Ich denke, auch diese Eigenschaft hängt von der Witterung und den Standortbedingungen ab.

KULTUR: *Freiland mit Regendach, Gewächshaus, Topfkultur (Ertrag geringer)*
WUCHS: *über 2 m hoch, zwei- oder mehrtriebig*
FRUCHT: *5 – 7 cm, rund, grün-hellgrün gestreift, bei Reife gehen die Streifen ins Gelborange*

ÄHNLICHE SORTEN: 'Smaragdapfel', 'Lime Green Salad', 'Grüne Ananastomate' (alle ohne Streifen)

Grüne Ananas

KULTUR: *Gewächshaus, Freiland mit Regendach*
WUCHS: *1,50 – 1,80 m, Stabtomate*
FRUCHT: *sehr unterschiedlich in der Größe: 5 – 15 cm, Fleischtomate*

Das intensive, fruchtig-süße Aroma der 'Grünen Ananas' ist umwerfend, allerdings entwickeln sich nur im Gewächshaus schöne Früchte. Bei einem Anbau im Freiland benötigt sie dringend ein Regendach. Die Sorte ist ziemlich platzanfällig, was an ihrer dünnen Haut liegt. Allerdings haben die meisten Fleischtomaten mit diesem Problem zu kämpfen.

Wächst die 'Grüne Ananas' als Stabtomate im Gewächshaus, können Sie ab Anfang Juli viele Tomaten ernten. Die Früchte sind dunkelgrün, flachrund und leicht gebuchtet. Sie variieren in der Größe teils erheblich. An einer Pflanze können sowohl nur 5 cm als auch über 15 cm große Tomaten hängen.

Das herrliche Aroma kommt vor allem in einem Tomaten-Mozzarella-Salat zur Geltung, aber natürlich schmecken die Früchte auch „ohne alles", zum Beispiel zu frisch gebackenem Brot, einfach köstlich. Tomaten aus dem Supermarkt, die meistens zu den massenhaft produzierten Tomaten zählen, erhalten erst durch die Zugabe von Salz etwas Geschmack. Bei der 'Grünen Ananas' – aber auch bei allen anderen hier vorgestellten Sorten – ist das nicht der Fall. Sie haben einen wunderbaren Eigenschmack und brauchen keinerlei Geschmacksverstärker. Das ist nicht nur für Diabetiker und Herzkranke von Bedeutung.

ÄHNLICHE SORTE: 'Smaragdapfel'

Handschuhsheimer Feldtomate

Handschuhsheim ist ein Stadtteil von Heidelberg. Am alten Ortsrand lagen früher die sogenannten Krautäcker oder Krautgärten, ausgezeichnet durch einen ertragreichen tiefgründigen Lössboden. Aus dieser fruchtbaren Gegend stammt die alte Landsorte 'Handschuhsheimer Feldtomate', eine klassische rote, sehr robuste Fleischtomate.

Von Ende Juli bis Mitte Oktober können Früchte geerntet werden, die auch bei kühler Witterung und in nicht so milden Gegenden ein gleichbleibend aromatisches Aroma ausbilden. Die alte Sorte ist auch deshalb interessant, weil sie nur wenige Geiztriebe bildet und somit nicht sehr arbeitsaufwendig ist. Sie gedeiht am besten im Freiland unter einem Regendach.

Die 'Handschuhsheimer Feldtomate' bildet runde bis flachrunde Früchte aus, die fruchtig-würzig schmecken und einen Hauch Süße in sich tragen.

Mir schmecken die Tomaten am besten frisch in Salaten. Die klassische Vorratshaltung, wenn sehr viele Früchte anfallen, ist die Herstellung von Soßen oder von Tomatenmark, das eingefroren oder eingekocht werden kann.

KULTUR: *Freiland mit Regendach*
WUCHS: *2 m hoch, Stabtomate*
FRUCHT: *7 – 12 cm, rund bis flachrund, rot*

ÄHNLICHE SORTEN: 'Homosa', 'Nadja', 'Haubners Vollendung', 'Bonner Beste', 'Harzfeuer', 'Sieger'

„Manchmal tragen sortenreine Tomaten und Hybridsorten denselben Namen. Das ist auch bei 'Harzfeuer' der Fall. Aber es gibt ein gutes Erkennungsmerkmal des Originals, denn die Hybridsorte hat oft einen Grünkragen, die nachbaubare Sorte dagegen nicht."

Harzfeuer

KULTUR: *Freiland mit und ohne Regendach*
WUCHS: *2 m hoch, Stabtomate*
FRUCHT: *5 – 7 cm, rund, rot*

„Meine" 'Harzfeuer' bekam ich von einer Bäuerin vom Potsdamer Markt. Hierbei handelte es sich tatsächlich um das Original: eine nachbaubare, also aus Samen zu vermehrende, ertragreiche Sorte. Im Gegensatz zur gleichnamigen F1-Hybride hat sie keinen Grünkragen. Bei diesem Merkmal ist das obere Drittel der Frucht grün und fest und nicht essbar. Ich kultiviere diese Sorte seit über zehn Jahren im Freien und vor allem in den letzten drei Jahren hat sie sich als gute Freilandtomate etabliert. Den höchsten Ertrag bringt sie, wenn die Pflanze vor Regen gut geschützt wird. Die Tomaten sind im Gegensatz zu manch anderen Sorten recht platzfest, was sie für einen Anbau im Freiland geeignet macht. Ich ernte regelmäßig viele Früchte von Ende Juli bis Mitte Oktober. 'Harzfeuer' liefert normal große, rote, runde und ziemlich feste Tomaten. Das mild würzige, fruchtige Aroma erhält sich auch bei kühler Witterung – das macht die Sorte für kühlere Regionen und in regenreichen Sommern interessant. Da sich die Früchte gut schneiden lassen, ist 'Harzfeuer' ideal für Salate. Aber auch mit Zwiebeln, etwas Salz, Pfeffer, Essig und Öl aufs Brot ist sie sehr lecker. Außerdem schmecken 'Harzfeuer'-Tomatensoßen sehr gut.

ÄHNLICHE SORTEN: 'Homosa', 'Nadja', 'Sieger', 'Haubners Vollendung', 'Handschuhsheimer Feldtomate'

Haubners Vollendung

KULTUR: *Freiland mit und ohne Regendach*
WUCHS: *1,60 m, Stabtomate*
FRUCHT: *5–7 cm, rot, rund, fest*

Die aus der Wormser Saatgutfirma Haubner stammende Sorte hat mich in den letzten Jahren mit ihrer Pflegeleichtigkeit und dem guten und frühen Ertrag überrascht. Es handelt sich um eine klassische rote, mittelgroße und sehr aromatische Tomate, die kaum zum Platzen neigt. Sie ist deshalb sehr gut für den Freilandanbau geeignet. Erfreulicherweise werden nur wenige Geiztriebe gebildet. Wer nicht allzu viel Zeit in die Pflege investieren möchte, kann zu dieser Sorte greifen.

Sehr von Vorteil ist außerdem die Eigenschaft, dass 'Haubners Vollendung' ihren guten und ausgewogenen, fruchtig-würzigen, süßen Geschmack auch bei kühler Witterung behält. Ein Anbau in weniger warmen Regionen ist aus diesem Grund unbedingt empfehlenswert. Normalerweise reift die Sorte mittelfrüh; geerntet wird von Ende Juli bis Ende Oktober. In manchen Jahren konnte ich allerdings schon Anfang Juli mit der Ernte beginnen. In warmen Jahren reift 'Haubners Vollendung' schon ab Ende Juni im Freiland. Mit nur 1,60 m wird die Tomatensorte nicht sehr hoch. Möglicherweise ist ein Anbau auch in Töpfen möglich. Probieren Sie es einfach aus!

Die Früchte sind relativ weich und nicht ganz so gut zum Aufschneiden geeignet. Das mild würzige, fruchtige und etwas süße Aroma kommt in Salaten und Soßen am besten zur Geltung.

ÄHNLICHE SORTEN: 'Homosa', 'Nadja', 'Sieger', 'Handschuhsheimer Feldtomate'

„Die Sorte 'Himmelsstürmer' trägt ihren Namen zu Recht. Sie wächst hoch hinaus, ohne dabei viel Laub zu produzieren. Die Früchte meiner bis zu 4 m hohen, an der Hauswand wachsenden Pflanze lassen sich sogar vom Fenster des ersten Stockwerkes aus ernten."

Himmelsstürmer

KULTUR: *Freiland mit und ohne Regendach, Gewächshaus*
WUCHS: *über 3 m hoch, Stabtomate*
FRUCHT: *ovale Früchte 5–7 cm, längliche Früchte 5–10 cm, tiefrot, länglich-oval bis flaschenförmig*

Mitunter wird die Sorte 'Himmelsstürmer' als Gigant unter den Tomaten beschrieben. In meinem Garten wurde sie bisher zwar keine 6 m hoch, aber fast 4 m hat sie schon erreicht. Sie wächst dabei nicht nur fast in den Himmel, sondern bringt auch traumhafte Ernteergebnisse. Zudem ist sie robust und einfach in der Pflege, denn trotz ihrer Größe entwickelt sie nur wenige Geiztriebe. Mit normalen Tomatenstäben gelingt die Kultivierung allerdings nicht gut. Ich leite die Pflanzen an Seilen an, die an einer speziellen hohen Konstruktion befestigt sind. 'Himmelsstürmer' kann gut im Freiland gezogen werden, braucht aber ein Regendach.

Die Früchte sind tiefrot, länglich-oval und sehr gleichförmig. Es gibt allerdings auch noch eine Variante mit sehr dünnen, flaschenartigen Tomaten mit Spitze und sehr gutem süß-würzigem Aroma. Die Pflanze dieser Form ist schwach belaubt, trägt aber trotzdem sehr viele Früchte.

Ab Ende Juli beginnt je nach Witterung und klimatischen Bedingungen die Ernte. Bis weit in den Herbst hinein können reife Tomaten gepflückt werden, allerdings sind die Früchte zum Saisonende hin manchmal hohl.

Mit dem fruchtig-würzigen, saftigen, teils sehr aromatischen Geschmack eignet sich 'Himmelsstürmer' ideal für Salate, in Scheiben aufs Brot, Suppen und Soßen.

ÄHNLICHE SORTE: 'De Berao' (rot)

Homosa

Wenn Sie in einer klimatisch nicht so begünstigten Region wohnen, dann möchte ich Ihnen diese Tomatensorte ans Herz legen. Sie ist wirklich robust, reift früh und kann auch schlechte Witterungsbedingungen und kühle Temperaturen ohne große Geschmackseinbußen gut vertragen. Dabei liefert sie trotzdem über einen langen Zeitraum viele Früchte.

Von 'Homosa' lässt sich nur Gutes berichten, vor allem weil ihre Unkompliziertheit etwas untypisch für Tomaten ist. Im Freiland gedeiht sie sehr gut, die Früchte sind sehr platzfest. Mit einem Regendach versehen ist der Ernteerfolg aber noch etwas besser. Genauso gute Erfahrungen habe ich aber auch bei einer Kultivierung im Topf gemacht. Die Tomate wird mit 1,70 m nicht hoch, und weil sie so wenige Geiztriebe bildet, hält sich der Pflegeaufwand in Grenzen.

Die fruchtig-würzig, süßen, sehr aromatischen Tomaten können ab Ende Juli geerntet werden. Bei der Verarbeitung zu Salaten, Suppen und Soßen fällt besonders auf, dass der Stielansatz sehr klein ausfällt und nur wenig weggeschnitten werden muss. Am besten schmeckt 'Homosa' aber ganz frisch gepflückt zu frisch gebackenem Brot.

KULTUR: *Freiland mit und ohne Regendach*
WUCHS: *1,50 m hoch, Stabtomate*
FRUCHT: *5 – 7 cm, mittelgroß, rund, rot*

ÄHNLICHE SORTEN: 'Nadja', 'Sieger', 'Haubners Vollendung', 'Handschuhsheimer Feldtomate'

Huberts Beste

KULTUR: *Topf, Hochbeet*
WUCHS: *40 – 60 cm hoch, Buschtomate*
FRUCHT: *2 – 3 cm, oval-runde Cocktailtomate*

Mit 40 cm ist 'Huberts Beste' wirklich eine sehr kleinwüchsige Tomatensorte. Die Früchte sind so lecker und die Kultivierung denkbar einfach, sodass diese Sorte zu meinen Tomatenlieblingen zählt.

In Töpfen ist 'Huberts Beste' gut aufgehoben, denn die niedrig wachsenden Tomatenbüsche sind nicht nur bei Menschen, sondern auch bei Schnecken sehr beliebt. Für das Freiland ist eine Kultivierung deshalb nicht empfehlenswert. Ich stelle immer mehrere Töpfe zusammen auf die Terrasse und kann dann beim sommerlichen Abendessen einfach Tomaten zum Naschen abpflücken – herrlich!

Denkbar ist auch der Anbau der kleinen Tomatenpflanzen im Hochbeet. Spezielle Vorrichtungen verwehren Schnecken den Zutritt.

Die mittelfrühe Sorte reift ab Anfang Juli. Dann können viele oval-runde Cocktailtomaten bis in den Herbst hinein gepflückt werden.

Als Naschfrucht ist 'Huberts Beste' einfach unschlagbar. Der süß-würzige, fruchtige Geschmack der saftigen Tomaten ist ein erfrischender Genuss und für mich ein besonderes Erlebnis an warmen Sommerabenden. Für Salate schneide ich die Tomaten auf, ganze Früchte überbacke ich zu einem saftigen Auflauf mit etwas selbst gemachter Béchamelsoße und Emmentaler Käse.

ÄHNLICHE SORTEN: 'Subarctic Plenty', '42 Days'

„Meine liebste kleinfruchtige Topftomatensorte! Sie eignet sich sehr gut für den Anbau im Topf und im Hochbeet. Diese pflegeleichte und rückenschonende Beetvariante ist übrigens eine tolle Erfindung."

Johannistraube

Die Sorte 'Johannistraube' gibt es mit gelben und roten Früchten. Häufig trifft man auch auf den Namen 'Johannisbeertomate', der die Größe der Früchte sehr gut beschreibt. Mit knapp 1 cm gleichen sie tatsächlich Johannisbeeren. Das Tomatenlaub ist pimpernellartig.
Die robuste Wildtomate wächst fast überall: in Töpfen, im Staudenbeet – und sogar zwischen den Steinen im Hofpflaster entwickeln sich bei mir die Pflanzen. Wenn sie nicht stören, lasse ich sie dort wachsen und freue mich, wie erfinderisch die Natur sein kann.
Ihr Wildcharakter äußert sich vor allem in ihrem dekorativen, üppigen Wuchs. Die Pflanze wird etwa 1,50 m hoch, 1 m breit und bildet enorm viele Geiztriebe. Allerdings lohnt es sich nicht, hier einzugreifen. Ob die Triebe entfernt werden oder nicht, hat keinen Einfluss auf die Fruchtgröße oder Ernte. Im Freiland sollten Sie ihr einen großzügigen Platz gewähren. Einen Quadratmeter benötigt sie, um sich gut entfalten zu können. Ich pflanze die Johannisbeertomate in einen großen Topf und lasse sie wachsen, wie sie will. Sie bildet hängende, bis zu 1 m lange Triebe und sieht schon zur Blütezeit hübsch aus. In Ampeln und Töpfen, je eine rote und gelbe Pflanze zusammengesetzt, zieht sie die Blicke auf sich. 'Johannistraube' ist ein Massenträger und bildet intensiv würzig, süße Früchte ab Ende Juli bis zum ersten Frost. Auf grünen Blattsalaten sind sie eine farbenfrohe und würzige Dekoration. Selbstgebackene Minibrötchen garniere ich zur Sommerzeit statt Sesam, Sonnenblumenkernen oder Mohn mit den Johannisbeertomaten.

KULTUR: *Freiland mit und ohne Regendach, Topf- und Ampelkultur*
WUCHS: *1,50 m hoch, Buschtomate*
FRUCHT: *0,50 – 1 cm, Minicocktailtomate in Gelb und Rot*

ÄHNLICHE SORTEN: 'Gelbe Cocktailtomate', Orange Wildtomate, Wildtomate Rosa, 'Rote Murmel' (Wildtomate)

„Lagertomaten, die sehr gut nachreifen und lange aufbewahrt werden können, sind kaum bekannt. Dabei eignen sie sich ideal zur Vorratshaltung. Selbst bei Zimmertemperaturen lassen sie sich drei bis sechs Monate lagern. Zugegeben, ihr Aroma kann nicht mit erntefrischen Sommertomaten mithalten. Sie sind aber mindestens so gut wie die über mehrere tausend Kilometer transportierten Tomaten aus dem Supermarkt."

Kasachstan Grüne Flasche

KULTUR: *Freiland mit Regendach, Topf*
WUCHS: *70 cm, Buschtomate*
FRUCHT: *6–8 cm, hellgrüne Eiertomate, verfärbt sich bei Vollreife gelb*

Ein gutes Beispiel für die Vielfältigkeit der Tomate ist 'Kasachstan Grüne Flasche', und für die Experimentierfreudigen unter den Lesern ein unbedingtes Muss. Die Sorte stammt tatsächlich aus Kasachstan und wächst dort in sehr heißem trockenem Klima. Sie liefert deshalb in kühleren Regionen weniger Früchte und ist unter schlechteren klimatischen Verhältnissen auch anfälliger für Krankheiten.
'Kasachstan Grüne Flasche' kann im Freiland kultiviert werden, benötigt dann aber ein Regendach. Mit ihrem buschigen, eher niedrigen Wuchs wächst sie bei mir besser auf einer sonnigen Terrasse im Topf. Die Früchte sind besser vor Schnecken geschützt, denn wie bei vielen niedrigen Buschtomaten liegen die untersten Früchte auf dem Boden. Tomatenfrüchte werden von den zähen Schleimer besonders gerne ausgehöhlt. Die Tomaten reifen spät, erst ab Mitte August. Die hellgrünen Früchte verfärben sich dann gelb, das Fruchtfleisch wird bei Vollreife orangegelb. Bis Mitte Oktober können auch unreife Früchte gepflückt werden, die dann im Lager bei 12–20 Grad nachreifen. Bis zu sechs Monate halten die Tomaten bei Zimmertemperatur; also den ganzen Winter über. Die Eiertomaten bleiben dabei fest und können sehr gut wie anderes Gemüse gedünstet werden. Sie schmecken aber auch klassisch zubereitet in Salaten, Soßen und Suppen. Die Früchte haben ein mild fruchtig-würziges Aroma mit einem Hauch von Melonen.

ÄHNLICHE SORTEN: runde Lagertomaten wie 'Winterkeeper','Ramilette'

Lime Green Salad

Für Balkongärtner ist 'Lime Green Salad' eine echte Bereicherung – nicht nur optisch. Die Sorte eignet sich ideal für eine Kultivierung im Topf, am besten bewährt hat sich eine Gefäßgröße von 20 Litern. Die Pflanzen werden nur 50 cm hoch und müssen lediglich mit einem kurzen Stock gestützt werden. Da gerade auf Balkon und Terrasse oft Nützliches und Schönes Hand in Hand gehen, können Sie Ihrer Fantasie freien Lauf lassen und schöne Stäbe als Halterung für die Tomaten aussuchen. Für die naturnahe Gestaltung kann Buchenreisig tolle Akzente setzen, bei klassisch schlichten Dekorationen sind Edelstahlstäbe die besten Tomatenstützen.
'Lime Green Salad' zählt nicht zu den Tomatendiven. Sie ist pflegeleicht, muss nicht ausgegeizt werden und die Tomaten lassen sich gut pflücken.
Der sehr frühe Erntebeginn wird kaum von einer anderen Tomatensorte übertroffen. Bereits ab Anfang Juli stehen sehr schmackhafte süße Früchte zur Verfügung. Sie haben ein fruchtig-würziges Aroma, sind außerordentlich saftig und haben eine sehr dünne Haut. Frisch schmecken die Tomaten am besten. Und was gibt es Schöneres, als auf dem Balkon oder der Terrasse Tomaten vom Strauch zu pflücken und gleich zu essen. In Salaten und Soßen, aber auch zur Dekoration macht sich 'Lime Green Salad' ebenso gut.

KULTUR: *Topf*
WUCHS: *50–70 cm hoch, Stabtomate*
FRUCHT: *4–6 cm, grüne Tomate*

ÄHNLICHE SORTEN: Ich kenne keine andere grüne Topftomate mit so einem gutem Aroma. Ähnlich im Geschmack sind 'Smaragdapfel' und 'Grüne Ananas'.

Maiglöckchen

KULTUR: *Freiland mit und ohne Regendach*
WUCHS: *2 m hoch, Stabtomate, kann mehrtriebig gezogen werden*
FRUCHT: *2–4 cm, ovalrunde Cocktailtomate mit Spitze*

Wie Maiglöckchenblüten sind die Früchte dieser Tomatensorte nebeneinander aufgereiht. Im Herkunftsland Frankreich ist sie unter dem Namen 'Brin de Muguet' bekannt, was sinngemäß Maiglöckchenstängel bedeutet. Die Pflanze ist sehr wüchsig und wird etwa 2 m hoch. Die vielen Geiztriebe müssen zum großen Teil entfernt werden. Bei einer Kultivierung als Stabtomate ist das dringender nötig als bei einer mehrtriebigen Kultivierung, die ebenfalls möglich ist. Am besten wächst und fruchtet 'Maiglöckchen' im Freiland, wenn sie vor Regen geschützt steht.
Es handelt sich um eine robuste, recht frühe Sorte, die schon ab Mitte Juli erste reife Tomaten liefert. Die Ernte dauert im Freiland bis Ende September, im Gewächshaus bis Ende Oktober.
Die roten Cocktailtomaten bilden eine hübsche Spitze aus und sind von würzig-fruchtigem, süßem Geschmack. Manchmal schmecken die Früchte leider etwa mehlig. Für die geschmacklichen Eigenschaften einer Sorte sind immer auch die klimatischen Bedingungen von Bedeutung. Manche Sorten sind weniger empfindlich. Bei 'Maiglöckchen' ist der leicht süßliche Geschmack dagegen schon von Witterungsbedingungen abhängig. Tomaten der Sorte 'Maiglöckchen' schmecken frisch am allerbesten. Sie können aber auch zu Salaten, Suppen und Soßen verarbeitet werden.

ÄHNLICHE SORTEN: 'Amore', 'Cerise Ernteglück', 'Principe Borghese' (alles rote Cocktailtomaten ohne Spitze)

Mexikanische Honigtomate

Der Name verrät den honigsüßen Geschmack der Früchte. Die alte Tomatensorte ist eine kulinarische Bereicherung des Tomatensortiments und trotz ihrer Größe für die Topfkultivierung gut geeignet. Die im Handel angebotenen 'Honigtomaten' sind Hybriden und nicht zu verwechseln mit der 'Mexikanischen Honigtomate'. Die 'Mexikanische Honigtomate' ist sehr wüchsig und ertragreich, allerdings ist die Erntemenge sehr von ihrem Standort abhängig. Sie ist eigentlich die klassische Gewächshaustomate, die geschützt vor Wind und Wetter schon ab Mitte Juli zahlreiche leckere Früchte produziert.

Wird die Sorte im Freiland gezogen, benötigt sie unbedingt ein Regendach. Vor allem die Früchte leiden unter der Nässe, denn ihre dünne, weiche Haut kann leicht aufplatzen. Solchermaßen behütet, im Freiland oder Gewächshaus, trotz sie sehr gut jeglichen Pilzkrankheiten, die Tomaten normalerweise schnell ereilen. Es lohnt sich, die 'Mexikanische Honigtomate' mehrtriebig zu ziehen. Sie braucht dann zwar mehr Platz, liefert aber auch viele Tomaten. Obwohl sie recht hoch wird, können Sie die Sorte auch im Topf auf dem Balkon kultivieren. Als Sichtschutz an einem Rankgitter emporgeführt, wachsen die saftig süßen Tomaten dann fast in den Mund. Frisch ist die 'Mexikanische Honigtomate' geschmacklich kaum zu überbieten. Suppen und Soßen verleiht sie eine frische Süße und kann so auch gut bevorratet werden. Auch Salate mit der Tomatensorte sind ein Genuss.

KULTUR: *Gewächshaus, Freiland mit Regendach*
WUCHS: *2,50 m hoch, kann mehrtriebig gezogen werden*
FRUCHT: *1,50 – 3 cm, Cocktailtomate*

ÄHNLICHE SORTEN: 'Ernteglück', 'Angora Supersweet' (ähnlicher Geschmack)

Oliorose, Cio Cio San

KULTUR: *Freiland mit Regendach, Gewächshaus*
WUCHS: *1,60 m, Stabtomate, kann zwei- und mehrtriebig gezogen werden*
FRUCHT: *4–6 cm, länglich-oval, rosa*

Die Sorte ist auch unter Namen 'Olirose de Santo Domingo' bekannt und das zu Recht, denn sie stammt aus Santo Domingo und ist ein echtes Sonnenkind. Mit ihrer langen Reifezeit ist sie für kühlere Regionen nicht unbedingt geeignet, es sei denn, sie wächst im Gewächshaus heran.
'Oliorose' wird mit 1,60 m nicht sehr hoch und kann an einem geschützten sonnigen Platz auch im Topf gezogen werden. Als köstliche Naschfrucht kann man sie dann jederzeit frisch genießen. Sie liefert, als Stabtomate kultiviert, hohe Erträge und entwickelt nur wenige Geiztriebe. Die Ernte wird aber nicht gemindert, wenn die Pflanze zweitriebig gezogen wird. Im Freiland braucht sie unbedingt ein Regendach, gedeiht vor allem aber gut im Gewächshaus. In schlechten Jahren ist der Ertrag dort auf jeden Fall höher, allerdings gibt es keinen geschmacklichen Unterschied bei Gewächshaus- und Freilandanbau.
Ab Anfang August beginnt meist die Ernte der länglich-ovalen Tomaten. Sie haben eine ganz gleichmäßige rosa Färbung, sind saftig und trotzdem schnittfest.
Werden die fruchtig-süßen, leicht würzigen Früchte nicht gleich vom Strauch genascht, werden sie am besten für Soßen und Suppen verwendet. In einem Standmixer können die Früchte zu einem herrlich himbeerroten, fruchtig süßen Tomatensaft püriert werden.

ÄHNLICHE SORTE: 'De Berao' (rosa, größere Früchte)

Olympische Flamme

Die orangegelb gestreifte, plattrunde Tomate hat den Namen 'Olympische Flamme' wirklich verdient und mit etwas Fantasie sehen Sie beim Anblick der reifen Tomate die echte Flamme vor sich. Ihr orangegelbes Fruchtfleisch ist himbeerrot marmoriert. Sie vereint die Eigenschaften einer saftigen Ochsenherztomate und einer klassischen Fleischtomate, wird nicht allzu groß und hat die typisch flachrunde, etwas gebuchtete Form. Von Vorteil ist auch die frühe Reife der 'Olympischen Flamme', die sie auch für verregnete Sommer und kühlere Klimaregionen so interessant macht. Mitte Juli bis Anfang Oktober können Sie im Freiland Tomaten ernten. Nach meiner Erfahrung braucht sie unbedingt ein Regendach, denn die Fruchtstiele sind tief eingebuchtet. Darin kann sich viel Wasser stauen. Im Gewächshaus liefert sie aber am meisten Früchte. Mit 1,60 m wird sie nicht allzu hoch und kann deshalb auch gut in einem 20–30-l-Topf gezogen werden. Ihre Früchte sind etwas kleiner, aber genauso wohlschmeckend wie im Freiland. Das rosa marmorierte, saftige Fruchtfleisch ist umhüllt von einer dünnen Tomatenhaut. Mit dem tiefen Stielansatz und den stellenweisen festen, braun verkorkten Schalen muss mehr als bei anderen Tomatensorten weggeschnitten werden.
Der Geschmack ist intensiv süß-fruchtig. Ich mag sie am liebsten im Tomatensalat mit Mozzarella und rotem Basilikum. Sie können die Früchte auch gut zu orangegelben Tomatensoßen verarbeiten.

KULTUR: *Gewächshaus, Freiland mit Regendach*
WUCHS: *1,60 m hoch, Stabtomate*
FRUCHT: *8 – 12 cm, orangegelb gestreift, rosa marmoriertes Fruchtfleisch, Ochsenherztomate*

„Eine kleinere, flache Ochsenherztomate mit Charakter — die orangegelb gestreifte Haut und das rosa marmorierte Fruchtfleisch sind zum Essen fast zu schade."

ÄHNLICHE SORTEN: 'Oaxacan Yewel', größere Früchte und spätere Ernte: 'Ananastomate' und 'Old Striped German'

Orange Russian

KULTUR: *Gewächshaus, Freiland mit Regendach*
WUCHS: *2 m hoch, Stabtomate, kann zweitriebig gezogen werden*
FRUCHT: *10 – 15 cm, gelborange, Ochsenherztomate*

'Orange Russian' steht der Sorte 'Olympische Flamme' in nichts nach. Es ist eine echte, wunderschöne, gelborange Ochsenherztomate mit rosa marmoriertem Fruchtfleisch, die besonders durch ihre keil- bis herzförmige Gestalt auffällt.
Sie ist außerdem eine sehr frühe Tomate, die ab Anfang Juli schon die ersten Früchte trägt und bis in den Oktober hinein Nachschub liefert. Gesunde Früchte und eine üppige Ernte waren bisher bei mir aber nur im Gewächshaus möglich. Ich freue mich immer, wenn ich beim Ausgeizen an 'Orange Russian' vorbeigehen kann. Denn sie bildet wenig Geiztriebe. In dieser Beziehung ist die Sorte nämlich sehr pflegeleicht.
'Orange Russian' wird als Stabtomate gezogen. Um den Ertrag noch zu steigern, können Sie die Pflanze aber auch zweitriebig kultivieren – probieren Sie es einfach aus.
Frisch schmecken die leckeren Tomaten einfach köstlich. Da die Früchte dieser Sorte sehr saftig sind, können sie in einem Standmixer zu einem köstlichen Erfrischungsgetränk für heiße Sommertagen püriert werden. Sehr fruchtige und süße Tomaten wie 'Orange Russian' können sowohl süßlich mit Fruchtsaft oder Obst oder herzhaft mit Chili oder Salz zubereitet werden.

ÄHNLICHE SORTEN: 'Oaxacan Yewel'; größere Früchte und spätere Ernte: 'Ananastomate' und 'Old Striped German'; verschiedene Ochsenherztomaten in anderen Farben

Orange Wildtomate

KULTUR: *Freiland mit und ohne Regendach*
WUCHS: *1,60 m, buschig wachsend*
FRUCHT: *1,50 – 2,50 cm, orangefarbene, rundlich-ovale Cocktailtomate*

Typisch für Wildtomaten ist ihr üppiger und ungebändigter Wuchs; bei der Auslese Orange Wildtomate ist das nicht anders. Sie wird immerhin etwa 1,60 m hoch, 1 m breit und entwickelt sehr viele Geiztriebe. Aus jahrelanger Erfahrung kann ich allerdings berichten, dass sich Ausgeizen keinesfalls lohnt. Lassen Sie der Pflanze ihren wilden Charakter, sie dankt es Ihnen mit sehr vielen leckeren Früchten. Wie viele andere Wildtomaten ist auch die Orange Wildtomate sehr robust und pflegeleicht. Sogar in Norddeutschland bringt sie schon ab Ende Juni im Freien die ersten reifen Früchte. Allerdings benötigt sie ausreichend Platz im Garten: Einen Quadratmeter sollten Sie jeder Pflanze zugestehen, dann werden sie mit einem hohen Ertrag bis Mitte Oktober belohnt. Die Sorte ist in meinem Garten sehr robust und wenig anfällig für Braunfäule, erst gegen Ende der Erntezeit kann es zu einem Auftreten kommen. Die Orange Wildtomate schmeckt fruchtig-würzig und süß und ist eine ideale Naschfrucht. Für dekorative kulinarische Farbtupfer auf Salaten oder anderen Gerichten ist sie wie geschaffen. Eine Alternative zur roten Tomatensoße sind die nicht minder aromatischen goldgelben Tomatensoßen aus gelben und orangefarbenen Früchten.

ÄHNLICHE SORTE: 'Gelbe Cocktailtomate'

Paprika Italia

KULTUR: *Gewächshaus*
WUCHS: *2 m hoch, Stabtomate*
FRUCHT: *10 – 15 cm, rot, innen hohl*

Diese Tomate ist seit Langem eine kulinarische Bereicherung in meiner Küche. Ihr Name ist Programm: Äußerlich gleicht 'Paprika Italia' einer roten, großen Blockpaprika. Im Gegensatz zu den meisten anderen Tomaten ist sie innen hohl und lässt sich gut füllen. Mit 2 m wird die Sorte relativ hoch, sie ist als Stabtomate aber einfach zu kultivieren und bildet nur wenige Geiztriebe.
'Paprika Italia' ist eine Gewächshaustomate und braucht viel Wärme. Im Freiland setzt die Reife erst Ende August ein, sodass sie für kühlere Regionen nicht geeignet ist. Im Gewächshaus können Sie dagegen schon ab Mitte Juli mit ersten reifen Früchten rechnen. Unter günstigen Kulturbedingungen liefert die Pflanze bis Mitte Oktober ihre schmackhaften Früchte.
Weil die Haut der Tomate dick und weich ist, eignet sie sich ideal zum Füllen mit Schafskäse, Tofu oder Gehacktem. Der würzig-fruchtige Geschmack, kombiniert mit den verschiedenen Füllungen, ist eine echte Entdeckung. Die dekorativen Früchte können aber genauso gut mit etwas Öl angebraten werden. Oder versuchen Sie einmal in Öl eingelegte, gegrillte 'Paprika Italia'.

ÄHNLICHE SORTEN: 'Cavern' (kleinere Früchte, mittelgroß), 'Gezahnte'

Pendulina

KULTUR: *Topf*
WUCHS: *30 – 40 cm hoch, buschig wachsend*
FRUCHT: *2,50 – 3,50 cm, orange*

Nur wenige Tomaten eignen sich für eine Topfkultur so hervorragend wie 'Pendulina'. Sie ist eine typische Balkontomate. Weil sie nicht sehr groß wird und buschig wächst, lässt sie sich hervorragend in Ampeln ziehen. Bei der Eroberung der dritten Dimension ist es jedoch wichtig, noch mehr als gewöhnlich auf die Wasserversorgung der Pflanzen zu achten. An sonnigen Tagen trocknet die Erde im Topf viel schneller als im Garten aus. Wenn Tomaten unter Wassermangel leiden, werden sie krank und gehen schlimmstenfalls ein. 'Pendulina' wird nur 40 cm hoch und ist wirklich pflegeleicht. Ausgeizen entfällt bei ihr komplett. Die leuchtend orangefarbenen Früchte können schon früh, ab Mitte Juli, geerntet werden. 'Pendulina' produziert viele Früchte bis in den Herbst hinein. Die Tomaten sind sehr ebenmäßig und haben eine kleine Spitze. Sie schmecken süßfruchtig mit einer leichten Würze und sind ideal für Suppen und Soßen. Am besten nascht man sie natürlich gleich vom Strauch oder schneidet sie frisch auf eine Scheibe Brot. Salz ist nicht nötig, der Eigengeschmack der Tomaten wird dadurch eher abgeschwächt.

ÄHNLICHE SORTE: 'Yellow Tumbler' (gelb)

„Kaum eine Sorte wächst so gut in einer Blumenampel wie 'Pendulina' die orangefarbenen Früchte nascht man im Vorbeigehen. Zusammen mit der roten 'Huberts Beste' und der gelben 'Yellow Tumbler' ergibt 'Pendulina' eine hübsche Balkonkastenkombination."

Purple Russian

KULTUR: *Gewächshaus, Freiland mit Regendach*
WUCHS: *2,20 m hoch, Stabtomate*
FRUCHT: *6 – 12 cm, dunkelbraunviolett, keilförmig, Flaschentomate*

Diese violettbraune sehr saftige Flaschentomate stammt aus der Ukraine und ist über Amerika nach Europa gekommen. Ihr weicher warmer Farbton macht sie zu einem echten Hingucker. Die glatte Haut schimmert samtig braun und macht die Frucht zur idealen Dekoration. Neben ihrem guten Aussehen ist sie aber auch einigermaßen pflegeleicht.
Am besten wächst bei mir im Gewächshaus. Vor Wind und Wetter geschützt ist 'Purple Russian' nur wenig anfällig für Pilzkrankheiten und bildet ab Mitte Juli bis in den Oktober hinein viele Früchte. Im Freiland ist die Ernte Ende September meist abgeschlossen und fällt geringer aus. Ohne ein Regendach gedeiht sie im Freien aber nicht zufriedenstellend.
Die Tomaten werden mittelgroß und sind keilförmig, mitunter auch herzförmig. Sie sind saftig und besitzen ein fruchtig-süßes, würziges Aroma.
Tomatensuppen und soßen sind nicht nur aromatisch, sondern auch durch die schokoladenbraune Farbe ein optischer Genuss. Aber auch frisch in Salaten macht sie eine gute Figur und schmeckt lecker.

ÄHNLICHE SORTE: 'Cherokee Purple' (rund)

Reisetomate

Auf Gartenfesten ist die Reisetomate regelmäßige eine Attraktion. Sie sieht ein bisschen aus wie der neueste Züchtungserfolg, ist aber im Gegenteil eine uralte Tomate, die schon vor ewigen Zeiten in Guatemala von den Mayas angebaut wurde.
Das Besondere an der Tomate ist ihre kuriose Form. Es sieht aus, als seien mehrere Tomaten aneinandergewachsen. Die Fruchtteile lassen sich mühelos und ohne viel Saftverlust auseinanderbrechen. Manchen Campingbegeisterten ist die Reisetomate schon länger bekannt und auch auf der Reise mit der Transsibirischen Eisenbahn ist sie ein gern verspeister Gast.
Reisetomaten werden als mehrtriebige Stabtomaten gezogen. Sie bilden leider viele Geiztriebe. Im Gewächshaus und im Freiland lassen sie sich kultivieren, können ein Regendach aber gut vertragen. Die Ernte beginnt ab Mitte August im Freiland, im Gewächshaus bereits ab Mitte Juli.
Es gibt unterschiedliche Auslesen. Manche Reisetomaten schmecken vorwiegend säuerlich-würzig und sind für Suppen und Soßen geeignet. Andere Auslesen schmecken viel fruchtiger und sind sowohl im Salat als auch als Reiseproviant eine gute Wahl.

KULTUR: *Freiland mit Regendach, Gewächshaus*
WUCHS: *1,50 – 2 m hoch, Stabtomate, kann mehrtriebig gezogen werden*
FRUCHT: *5 – 15 cm, einzelne Fruchtstücke sitzen aneinander und können abgebrochen werden*

ÄHNLICHE SORTE: 'Zucchina Rampicante de Calabria'

Roter Pfirsich

KULTUR: *Gewächshaus, Freiland mit Regendach*
WUCHS: *2 m hoch, verzweigte Stabtomate, kann zweitriebig gezogen werden*
FRUCHT: *5–7 cm, rund, rot, weich behaart*

Eine besondere Empfehlung für Tomatenliebhaber ist der 'Rote Pfirsich'. Wie ihr Namensvetter hat auch die Tomate eine dicke, weich behaarte Haut; überhaupt ist die ganze Pflanze von weichen grauen Haaren überzogen. Diese hübsche Pflanze bringt eine attraktive Abwechslung in mein Tomatenhaus.
Die wüchsige Sorte wird als Stabtomate am besten zweitriebig gezogen. Mir gefällt die Pflanze mit ihrem dekorativen blaugrünen Laub so gut, dass ich sie in manchen Jahren auch ins Staudenbeet setze. Die Farbe kommt zwischen den Zierpflanzen einfach besser zur Geltung und durch ihre Größe gibt sie dem Beet zugleich Struktur. 'Roter Pfirsich' zählt zu den mittelspäten bis späten Sorten, denn erst ab Anfang August werden die ersten Früchte reif. Die Ernte dauert dann aber bis Mitte Oktober an, auch im Freiland. Zum Saisonende können alle ausgewachsenen grünen Früchte zum Nachreifen abgeerntet werden. Bei Zimmertemperatur in flachen Schalen ausgelegt, garantiert der 'Rote Pfirsich' einen langen Tomatengenuss, denn die Früchte halten sich etwa drei Monate. Die Tomaten sind sehr aromatisch mit fruchtigem, leicht süßem Geschmack und auch die dicke, aber sehr weiche Schale schmeckt sehr gut. Weil die ebenmäßigen hübschen Früchte so interessant und ungewöhnlich aussehen, verwende ich die Tomaten am liebsten frisch zum Essen oder in Salaten. Sie sind aber auch zur Zubereitung von würzigen Soßen und Suppen geeignet.

ÄHNLICHE SORTEN: 'Weißer Pfirsich' (weiß!), 'Angora Supersweet' (Cocktailtomate)

Rotes Zebra

Der Name dieser Tomatensorte macht neugierig und eine bestimmte Vorstellung nimmt Form an. Beim Betrachten der Tomate bestätigt sich die Vermutung: Ganz ebenmäßig rund geformte, rot-gelbe Früchte präsentieren sich in Zebrastreifen. Optisch passen sie sehr gut zu den anderen „Zebratomaten" wie 'Green-', 'Black-', und 'Yellow Zebra'. Die Tomate hat aber auch geschmacklich eine Menge zu bieten und wird immer häufiger nachgefragt. Im Gewächshaus gedeiht die bis 2 m hoch werdende Pflanze am besten und produziert schon früh ab Anfang Juli die ersten reifen Tomaten. Im Freiland können Sie ab Ende Juli mit dem Ernten beginnen. Um möglichst viele unversehrte Früchte zu ernten wächst das 'Rote Zebra' am besten unter einem Regendach.
Die großen, runden, rot-gelb gestreiften Früchte von 'Rotes Zebra' schmecken sehr fruchtig und intensiv würzig, mit einem leicht säuerlichen Aroma. In Aufläufen, Tartes und anderen warmen Gerichten, wie Suppen und Soßen, können sie gut verarbeitet werden.

KULTUR: *Gewächshaus, Freiland mit Regendach*
WUCHS: *1,50 – 2 m hoch, Stabtomate*
FRUCHT: *4 – 6 cm, rot-gelb gestreift*

ÄHNLICHE SORTE: 'Tigerella'

„Das Schöne an der 'Russischen Fleischtomate' ist ihre lange Haltbarkeit und ihre hübsche Birnenform. Anders als bei vielen Fleischtomaten fällt bei ihr kaum Schnittabfall an. Wird sie grün geerntet, kann sie drei bis vier Monate aufbewahrt werden. So habe ich den ganzen Winter über frische Tomaten."

Russische Fleischtomate

KULTUR: *Gewächshaus, Freiland mit Regendach*
WUCHS: *1,80 m hoch, Stabtomate, kann zweitriebig gezogen werden*
FRUCHT: *8–15 cm, mittelgroß, rot oder rosa, birnenförmige gebuchtete Fleischtomate*

Fleischtomaten verwende ich für warme Gerichte besonders gern. Sie sind schnell verarbeitet und man braucht nur drei bis vier Früchte für ein Vier-Personen-Gericht. Sie enthalten nicht so viel Flüssigkeit wie die meisten anderen Tomaten, sodass eine Soße oder Suppe eine wunderbar sämige Konsistenz bekommt. Die 'Russische Fleischtomate' gibt es in den Fruchtfarben Rot und Rosa. Die Fruchtformen sind dabei gleich: oval-rund bis beutelförmig; sie erinnern an Birnen.

Ab Mitte Juli bis Mitte Oktober reifen im Gewächshaus die Früchte heran. Um den Ertrag zu erhöhen, ziehe ich die Sorte zweitriebig. Wachsen die Pflanzen im Freiland, benötigen sie unbedingt ein Regendach. Die Ernte setzt aber in jedem Fall später ein und endet früher. Ganz so schlimm ist das allerdings nicht, denn die Tomaten können auch grün geerntet und im Haus gelagert werden. Sie sind drei bis vier Monate haltbar und reifen schön nach. Bei schlechten Witterungsbedingungen neigen die Früchte manchmal zum Hohlwerden.

Die roten oder rosafarbenen Tomaten sind leicht gebuchtet, ähnlich wie Ochsenherztomaten und haben saftiges zartes Fruchtfleisch mit einem fruchtig-süßen, würzigen Geschmack. Die Schale ist dünn und zugleich die ganze Tomate sehr schnittfest und trotzdem saftig. Das ist ideal für die Herstellung von Salaten, die auch optisch ein Genuss sein sollen.

ÄHNLICHE SORTEN: 'Liguria', rosa Ochsenherztomaten-Sorten

Scabitha

'Scabitha' ist eine außergewöhnlich süße Tomate: Sie hat ein einzigartiges Obstaroma, das bei einer Tomate gar nicht erwartet wird. Leider sind die hübschen Früchte sehr platzanfällig und ihr Ertrag ist eher mäßig. Doch der herrliche fruchtige Geschmack macht das wieder wett.

Im Gewächshaus gedeiht 'Scabitha' sehr gut und produziert dann bis Ende September reife Tomaten. Wegen ihrer dünnen, sehr weichen Schale benötigt sie im Freiland allerdings ein Regendach. Sonst trocknet das kartoffelartige Laub zu langsam ab und Pilzkrankheiten stellen sich ein, die den Ertrag sehr mindern können. Sie wird mit 1,20 m nicht allzu hoch und sollte als Buschtomate für einen guten Ertrag mehrtriebig gezogen werden. Die Tomaten gleichen natürlichen Kunstwerken: Die bis 5 cm großen, runden bis ovalen Früchte sind von rosafarbenen und gelben Streifen durchzogen, mitunter auch zart gepunktet. Das zarte saftige Fruchtfleisch ist von einer dünnen weichen Haut umgeben und offenbart beim Hineinbeißen ein fruchtiges, süßes Aroma. Geschnitten und in Salaten verwendet, wird die Frucht etwas unansehnlich, aber das tut dem Geschmack keinen Abbruch. Besonders gerne verwende ich 'Scabitha' für Soßen und Suppen.

ÄHNLICHE SORTEN: 'Feuerwerk' (ähnlich im Geschmack), 'Vintage Wine' (ähnlich nur im Aussehen)

KULTUR: *Gewächshaus, Freiland mit Regendach*
WUCHS: *1,20 m hoch, Stabtomate, kann mehrtriebig gezogen werden*
FRUCHT: *3–5 cm, rund bis oval, rosa-gelb gestreift*

Schwarze Birne

KULTUR: *Gewächshaus, Freiland mit Regendach*
WUCHS: *1,50 m hoch, Stabtomate, kann zwei- oder dreitriebig gezogen werden*
FRUCHT: *5–8 cm, birnenförmig, braunviolett*

Ihr Name beschreibt das Aussehen der Tomate sehr gut: Die birnenförmige bis ovale Frucht ist braunviolett, nahezu schwarz gefärbt. Dazu hat sie ein wunderbar fruchtiges Aroma. Diese Eigenschaften machen sie zu einer Besonderheit und zum Star vieler Tomatenliebhaber. 'Schwarze Birne' hat typisches Laub, das an die Blätter von Kartoffeln erinnert. Aber das ist nicht verwunderlich, beide stammen aus derselben Familie. Mit 1,50 m wird die Sorte nicht allzu groß und lässt sich gut im Gewächshaus, aber auch im Freiland kultivieren. Allerdings braucht sie als ausladende Buschtomate mindestens einen Quadratmeter Platz. An drei bis fünf Trieben wächst eine gute Ernte köstlicher Früchte heran. Es wäre mehr als schade, sie nur eintriebig zu ziehen und somit auf einen Großteil der leckeren Tomaten zu verzichten. Wegen ihrer dünnhäutigen Früchte benötigt sie im Freien unbedingt ein Regendach. Ohne Schutz setzt die Ernte vier Wochen später ein und nahezu alle Früchte platzen auf. Insgesamt mache ich mit dem Gewächshausanbau die besten Erfahrungen. Erste Tomaten gibt es bereits Ende Juli.
Frisch schmecken die braunvioletten Tomaten einfach herrlich. Sie haben eine dünne Haut, die das saftige zarte Fruchtfleisch umhüllt. Der Geschmack ist sehr fruchtig und süß mit einer leicht würzigen Note. In Salaten und für Soßen lässt sie sich auch gut verarbeiten, außerdem verwende ich sie auch für warme Gerichte wie Lasagne oder Tomaten-Quiche.

ÄHNLICHE SORTEN: 'Gypsi Zigan', 'Ozieris' (rund), 'Japanische Trüffeltomate' (orange)

„'Sieger' ist eine unkomplizierte Stabtomate für das Freiland. Die klassischen roten und runden Tomaten lassen sich gut schneiden. Am liebsten lege ich sie auf frisch gebackenes Brot mit Butter."

Sieger

Vor allem das schnittfeste Fruchtfleisch ist wohl der Grund dafür, dass diese Tomatensorte den Namen 'Sieger' trägt. Sie stammt aus der Schweiz und überzeugt vor allem durch ihre gute Eignung für den Freilandanbau.

'Sieger' ist eine frühe Sorte, die auch in kühleren Gegenden und in schlechten Sommern noch gute Erträge bringt. Mitte Juli können Sie erste reife Tomaten ernten, die bis Ende September nach und nach reif werden. Die robuste Pflanze kommt im Freiland sogar ohne Regendach aus. Allerdings ist der Ertrag meist höher, wenn ein Tomatendach die Pflanzen zumindest vor viel Regen schützt. Obwohl 'Sieger' gut im Gewächshaus gedeiht, ist ihr Geschmack im Freiland besser. Auch in Sommern mit wenigen Sonnenstunden und häufigen Niederschlägen kann sie mit einem fruchtig-würzigen Geschmack aufwarten, der nicht unter den schwierigen Bedingungen leidet.

Nicht nur durch ihr Äußeres zählen die runden, roten, gleichförmigen Früchte zu den Tomatenklassikern, auch in Punkto Geschmack. Typisch ist ein leicht süßes Aroma mit etwas würziger Note – ideal geeignet für Tomatensoßen. Kräftig rot gefärbte, sämige Suppen mit köstlichem Tomatenaroma lassen sich einfach und schnell aus den Tomaten herstellen. Da viele Früchte anfallen, stelle ich außerdem Tomatenmark her. Das wird eingekocht oder eingefroren und kann dann für verschiedene Gerichte verwendet werden.

KULTUR: *Freiland mit und ohne Regendach, Gewächshaus*
WUCHS: *1,60 m hoch, Stabtomate*
FRUCHT: *5–7 cm, rot, rund*

ÄHNLICHE SORTEN: 'Homosa', 'Nadja', 'Handschuhsheimer Feldtomate', 'Haubners Vollendung'

Silbertanne

KULTUR: *Topfkultur*
WUCHS: *50 cm, Buschtomate*
FRUCHT: *5–8 cm, flachrund, gebuchtet, dunkelrot, kleine Fleischtomate*

Es gibt nur wenige Fleischtomaten, die wirklich auf dem Balkon oder der Terrasse im Topf gedeihen und eine gute Ernte versprechen. Die Sorte 'Silbertanne' gehört dazu!
Das Laub der nur 50 cm hoch werdenden Buschtomate, erinnert an Karottenlaub. Es ist viel feiner und zarter als die Blätter der meisten anderen Tomatensorten. 'Silbertanne' wächst buschig und ist ideal für die Topfkultur geeignet. Ich verwende 20-l-Töpfe, in denen die Pflanzen genügend Platz haben, sich zu entfalten und die Erde nicht gleich durchwurzelt ist. Ausgepflanzt im Freiland gedeiht sie sicher auch, doch ich habe die Erfahrung gemacht, dass die Tomaten bei der geringen Höhe der Pflanzen sehr oft auf dem Boden aufliegen und dann Schnecken oder Ameisen zum Opfer fallen.
Durch ihr buschiges Wachstum entfällt das Ausgeizen. Mit Vorratsdünger versorgt, liefert die Sorte schon ab Mitte Juli die ersten reifen Früchte. Sind die Standortbedingungen für die Pflanze optimal, können Sie bis Anfang Oktober mit einer guten Ernte rechnen.
Die Haut der Tomaten ist etwas dicker, wie es sich für Fleischtomaten gehört. Die dunkelroten Früchte sind leicht gebuchtet, sehr saftig und fruchtig-süß mit leichter Würze, ideal also für Suppen und Soßen.

ÄHNLICHE SORTEN: 'Carrot Like', 'Zuckerbusch'

Striped Cavern

Gestreifte Höhle oder gestreifte Grube ist die Übersetzung des Namens 'Striped Cavern'. Das passt, denn die schön gestreiften Früchte sind innen hohl und lassen sich gut Füllen.
Am besten gedeiht die 'Striped Cavern' im Gewächshaus, kann aber auch im Freiland gezogen werden – dann aber unbedingt mit Regendach. Für eine größere Ernte kultiviere ich die Stabtomate zweitriebig im Gewächshaus.
Im Gewächshaus trägt sie sehr gut und liefert ab Ende Juli die ersten Früchte. Im Garten dauert es dagegen bis Mitte August. Noch nicht ausgereifte Tomaten können gut im Haus nachreifen und halten sich bis zu drei Monate im gemäßigt kühlen Keller oder bei Zimmertemperatur. Sehr spät geerntete Früchte können oft noch im Januar oder Februar frisch gegessen werden.
'Striped Cavern' bildet nahezu eckige Tomaten in Form einer kurzen Blockpaprika. Die Grundfarbe der Früchte ist Rot mit einer hübschen goldgelben Flammung. Die nah verwandte Sorte 'Striped Cavern Yellow' bzw. 'Yellow Stuffer' ist gelb mit hellgelben Streifen.
Die Tomaten bilden wenig Saft, haben aber trotzdem einen würzigen und mild fruchtigen Geschmack. Zum Füllen und Überbacken sind sie einfach ideal, aber auch Soßen und Suppen werden durch 'Striped Cavern' sehr aromatisch und bekommen eine sämige Konsistenz.

KULTUR: *Gewächshaus, Freiland mit Regendach*
WUCHS: *2–2,50 m, Stabtomate, kann zweitriebig gezogen werden*
FRUCHT: *6–9 cm, rot mit gelben Streifen, hohl*

ÄHNLICHE SORTEN: 'Cavern' (ohne Streifen), 'Paprika Italia' (größere Früchte)

Striped Roman

KULTUR: *Gewächshaus, Freiland mit Regendach*
WUCHS: *1,80 – 2,50 m, Stabtomate, kann zweitriebig gezogen werden*
FRUCHT: *8 – 15 cm, rot-gelb gestreift, Flaschentomate*

'Striped Roman' gehört wegen des guten Aromas und der wunderschön geflammten länglichen Früchte zu meinen Lieblingssorten. Sie hat einen fruchtig-süßen und würzigen Geschmack und hält sich bei guter Lagerung etwa drei Monate lang. Im Unterschied zu vielen anderen Tomatensorten sind die Blätter sehr schmal, stark gezackt und in sich gedreht. Die Stabtomate erreicht eine normale Höhe von 1,80 – 2,50 m und bildet nur wenige Geiztriebe; in dieser Beziehung kann man sie durchaus als pflegeleicht bezeichnen.
Um den Ertrag noch etwas zu erhöhen, ziehe ich die Pflanzen zweitriebig. Wächst 'Striped Roman' im Gewächshaus, beginnt die Ernte bereits ab Anfang Juli. Bis Ende Oktober produziert sie dann zuverlässig formschöne längliche Flaschentomaten. Im Freiland setzt die Ernte je nach Witterungsbedingungen etwas später ein. Nach meinen Erfahrungen gelingt der Anbau draußen nur, wenn die Pflanzen vor Regen geschützt werden. Für die Topfkultur sind sie eher ungeeignet.
Nicht ausgereifte Früchte können Sie zum Ende der Erntezeit noch abpflücken; sie reifen im Haus sehr gut nach. Die Früchte sind saftig und zugleich schnittfest mit zartem Fruchtfleisch. Sie ähneln in Geschmack und Konsistenz Ochsenherztomaten und eignen sich ideal für Salate. Ich liebe es, ganze Früchte der roten 'Striped Roman', der gelben 'Banana Legs' und der grünen 'Green Sausage' zusammen in flache Schalen zu legen. Für mich ist die Kombination ähnlicher Früchte eine faszinierende Tomatenkunst. Sie ähneln sich in ihrer Form und den besonders ausgeprägten Streifen. Sie unterscheiden sich nur in ihren Farben.

ÄHNLICHE SORTEN: 'Tonnelett' (rot), 'Striped Roman' (gelb)

„Auf den ersten Blick macht 'Striped Roman' einen etwas kränklichen Eindruck, das ist sie jedoch nicht. Bereits seit einigen Jahren gehört sie zu meinen schönsten und zuverlässigsten Gewächshaustomaten."

Talent

Diese typische Freilandtomate gedeiht ohne und mit Regendach gut und liefert bereits ab Mitte Juli leckere Tomaten. Als ausgewiesene Freilandtomate bringt sie im Gewächshaus dagegen nicht so gute Ernteergebnisse. Nur wenige Tomaten sind robust genug, um sich im Garten so gut zu bewähren. Dass 'Talent' nur wenig anfällig gegenüber Krankheiten ist, liegt vor allem daran, dass die Sorte nur wenige Geiztriebe bildet. Nach Regen trocknen die Blätter schnell ab und bieten deshalb pilzlichen Krankheitserregern nur wenige Angriffsmöglichkeiten. Außerdem sind die Früchte sehr platzfest. Gerade diese Eigenschaft muss eine Freilandtomate mitbringen. Denn aufgeplatzte Tomaten bieten beste Eintrittspforten für Krankheiten, werden schnell matschig oder schimmelig und verlieren dadurch an Geschmack und sind nicht zuletzt auch unansehnlich.
Bis Ende September hält meist die Ernte der gelben Tomaten im Freiland an. Noch nicht ausgereifte Tomaten können für einige Zeit im Haus gelagert werden, wo sie gut nachreifen. Die Früchte sind rund bis leicht abgeflacht, sehr gleichförmig und schmecken für eine gelbe Sorte außergewöhnlich gut. Mit ihrem fruchtigen und würzigen Aroma begeistert sie vor allem in Scheiben geschnitten auf frischem Brot, in Salaten, Soßen und Suppen.

KULTUR: *Freiland mit und ohne Regendach*
WUCHS: *1,80 m, Stabtomate*
FRUCHT: *4–6 cm, gelb, rund bis leicht abgeflacht*

ÄHNLICHE SORTEN: 'Tangella', 'Goldene Königin'

Taubenherz

KULTUR: *Freiland mit und ohne Regendach, Gewächshaus*
WUCHS: *1,80–2,50 m hoch, Stabtomate*
FRUCHT: *2–3 cm, rote Datteltomate in Herzform*

In Frankreich ist die herzförmige, dunkelrote Datteltomate schon seit vielen Jahren unter den Namen 'Coeur de Pigeon' auf dem Markt. Die Naschtomate ist nicht nur lecker, sondern durch ihre Herzform auch sehr dekorativ. Für liebe Freunde ziehe ich hin und wieder einige der Tomatenpflanzen an und hänge dann kleine, rote Papphherzen an die Zweige. Das ist ein schönes Geburtstagsgeschenk, und wenn im Sommer die „herzigen" Tomaten heranreifen, ist die Freude groß.

Nicht jede Tomate kann von sich behaupten, im Gewächshaus und im Freiland gleichermaßen gut zu wachsen und zu fruchten, bei 'Taubenherz' ist das aber tatsächlich der Fall. Die Sorte ist sehr robust und liefert erstaunlich viele Früchte, die bereits ab Juli geerntet werden können und an 20 cm langen Rispen nacheinander reifen. Bis in den Oktober hinein werden immer neue kleine Datteltomaten gebildet. Bereits im halbreifen Zustand sind die Früchte schon sehr lecker und würzig, ihr Aroma wird mit der vollen Reife im tiefroten Zustand dann am besten. Die kleinen herzförmigen Datteltomaten sind beim Reinbeißen richtig knackig und die idealen Naschfrüchte. Vor allem Kinder lieben die Sorte und können meistens gar nicht genug davon bekommen. Schon häufiger haben Kundinnen mir erzählt, dass sie ihren Kindern 'Taubenherz'-Tomaten als Pausensnack mit in den Kindergarten oder die Schule geben. Daneben verwende ich die kleinen Früchte für hübsche und außergewöhnliche Dekorationen. Und da der Ertrag hoch ist, nehme ich halbierte Früchte gern als Pizzabelag oder für eine Gemüsepfanne.

ÄHNLICHE SORTEN: 'Elfin' und andere Datteltomaten

Tegucigalpa

Ein wenig erinnert die Form dieser Tomatensorte an Peperoni. Die Früchte sind länglich, leicht hörnchenförmig gebogen und schmal. 'Tegucigalpa' ist eine Flaschentomatensorte, die aus der gleichnamigen Hauptstadt von Honduras kommt. Die Früchte werden etwa 12 cm lang und sind mit ihrem würzig-fruchtigem Geschmack sehr aromatisch. Je nach Region kann die robuste Sorte durchaus im Freiland ohne Regendach gezogen werden. In meinem Garten hat sie sich gut bewährt und reichlich Früchte getragen. Ich empfehle für 'Tegucigalpa' aber vorsichtshalber ein Regendach. Meistens bleiben die Pflanzen dadurch länger gesund und liefern länger und mehr Früchte. Die Tomatenpflanzen werden mit 2 m recht hoch. Sie können als Stabtomate eintriebig kultiviert werden, ich ziehe sie aber am liebsten mehrtriebig.

Ab Ende Juli sind die ersten Früchte reif, und bis Ende September kann dann durchgehend geerntet werden. Leider beendet der nahende Winter mit den ersten Herbstfrösten die unermüdliche Ernte. Die grün geernteten Früchte reifen aber sehr gut nach und sind bei 10 – 20 Grad bis Februar lagerfähig. Allerdings bezieht sich das nur auf die im Herbst grün geernteten Früchte.

'Tegucigalpa' ergibt aromatische Suppen und Soßen. Die Früchte haben einen guten würzigen, leicht süßen Geschmack und sind sehr schnittfest, sodass sie auch für Salate gut geeignet sind.

KULTUR: *Freiland mit Regendach*
WUCHS: *2 m hoch, Stabtomate, kann mehrtriebig gezogen werden*
FRUCHT: *10 – 12 cm, rote Flaschentomate*

ÄHNLICHE SORTEN: 'Rumänische Flasche', 'Himmelsstürmer' (längliche Variante)

Tigerella

KULTUR: *Gewächshaus, Freiland mit Regendach*
WUCHS: *2 m hoch, Stabtomate, kann mehrtriebig gezogen werden*
FRUCHT: *4–6 cm, kugelrund, rot mit gelben Streifen*

Wie so oft im Tomatenreich ist auch die Herkunft dieser Sorte nicht genau bestimmbar. Manche behaupten, sie käme aus Russland, andere meinen ihr Herkunftsland wäre die USA. Aber eigentlich ist das auch gar nicht so wichtig. Was beim eigenen Anbau zählt, sind der Geschmack, der Ertrag und nicht zuletzt die Robustheit der Sorte. Und bei diesen Eigenschaften ist von 'Tigerella' nur Positives zu berichten.

Die etwa 2 m hoch werdende Stabtomate verzweigt sich meist üppig und kann mehrtriebig gezogen werden. Am besten gedeiht sie im Gewächshaus, sie wächst aber auch im Freiland, wenn sie vor Regen geschützt wird.

'Tigerella' trägt bereits früh und sehr gut. Ab Mitte Juli reifen die ersten 4–5 cm großen Früchte heran. Sie sind mittelgroß und schön gleichmäßig rund. Die Streifen sind vor allem in grünem Zustand gut sichtbar. Wenn die Tomaten heranreifen und sich rot färben, verblassen die goldgelben Streifen etwas.

Es ist ein Genuss, in die saftigen Tomaten zu beißen. Frisch schmecken sie einfach herrlich mit ihrem fruchtig-süßen, würzigen Aroma. Sie machen sich aber auch sonst in allerlei Tomatengerichten hervorragend: Ob Suppe, Salat oder Soße, 'Tigerella' kann für die meisten Gerichte verwendet werden.

ÄHNLICHE SORTEN: 'Red Zebra', 'Striped Turkish'

Tigerette

Gutes Erkennungsmerkmal dieser schönen kleinwüchsigen Balkontomate ist ihr grüngelbes Laub. Gerade Topfgemüse wird nicht nur der Früchte wegen angebaut, sondern dient oftmals auch zur Dekoration. 'Tigerette' vereint ein schönes Äußeres mit würzigen Früchten. Sie macht die ganze Balkonsaison über also eine gute Figur. Mit nur 50 cm bleibt die Sorte recht niedrig. Ich gebe ihr aber trotzdem auch im Topf mit einem niedrigen Tomatenstab Halt. Am besten gedeiht sie im 15- bis 20-l-Topf oder aber auf dem Hochbeet. Im Freiland angebaut fallen die Tomaten meistens den Schnecken oder anderen „tierischen Genießern" zum Opfer. Die außergewöhnlich farbenprächtig rot-gelb gestreiften Früchte reifen ab Anfang Juli heran. Bis in den September hinein können dann durchgehend Tomaten geerntet werden – zum Naschen direkt von der Hand in den Mund. Interessanterweise bilden manche Pflanzen nur gelb-hellgelb gestreifte Tomaten, alle anderen Eigenschaften sind genauso wie bei den rot-gelb gestreiften Früchten. Sie sind klein, rund bis oval und sehr gleichmäßig geformt. Das Aroma ist würzig und fruchtig, mit einer leicht säuerlichen Note. Wegen ihrer wunderschönen Früchte verwende ich 'Tigerette' als kulinarische Dekoration. Da mir die festfleischigen Früchte roh nicht so gut wie die anderen Sorten schmecken, verarbeite ich sie zu Suppen und Soßen, in einer Gemüsepfanne oder herzhaftem Auflauf.

ÄHNLICHE SORTE: 'Sweet Tiger' (nicht ganz so schön gestreift, aber fruchtiger im Geschmack)

KULTUR: *Topf, Hochbeet*
WUCHS: *50 cm, Stabtomate*
FRUCHT: *3 – 4 cm, rund-oval, rotgelb gestreift*

„Wie eine große reife Apfelsine mutet die Sorte 'Valencia' an und ihre würzige Süße ist unvergleichlich gut. Die schöne Ochsenherztomate zählt zu meinen Tomatenlieblingen."

Valencia

KULTUR: *Gewächshaus*
WUCHS: *1,60 m hoch, Stabtomate*
FRUCHT: *7–12 cm, kugelrund bis abgeflacht, orangegelbe Ochsenherztomate*

Die Frucht ist so groß und orangegelb wie eine Orange, das Fruchtfleisch saftig mit wenigen Kernen. Wer denkt bei dieser Beschreibung schon an eine Tomate und doch treffen alle Merkmale auf die Sorte 'Valencia' zu. Im Gegensatz zu Orangen hat die Tomatensorte allerdings eine sehr glatte Haut.
Die Ochsenherztomate wird etwa 1,60 m groß. Ich ziehe sie als Stabtomate. Aufgrund der wenigen Geiztriebe, die sie ausbildet, kann sie durchaus als pflegeleicht bezeichnet werden.
Am besten gedeiht die wärmebedürftige Sorte im Gewächshaus. Hier beginnt die Ernte schon Anfang Juli. Wächst 'Valencia' im Freiland, benötigt sie ein Regendach und der Erntebeginn verschiebt sich auf Ende August. Für kühlere Regionen kann ich 'Valencia' nicht empfehlen. Nur in sehr warmen Gegenden mit viel Sonne wird Ertrag und Aroma halten, was der Name verspricht. Dann haben die großen orangegelben Tomaten ein herrliches Aroma. Das Fruchtfleisch ist sehr saftig und enthält wenige Kerne. Vor allem Suppen und Soßen aus 'Valencia'-Tomaten sind nicht nur optisch ein Genuss. Sie schmecken intensiv und haben eine angenehm sämige Konsistenz. Aber auch zur Zubereitung von Salaten können die Früchte verwendet werden.

ÄHNLICHE SORTE: 'Japanische Birne'

Weißer Pfirsich

Die mittelgroßen Früchte sind wie bei einem Pfirsich ganz weich und zart behaart und ein echter Augenschmaus. Mich beeindruckt an dieser Sorte allerdings am meisten, dass selbst bei kühlem, schlechtem Wetter ein ganz einzigartiges feines fruchtiges Obstaroma ausgebildet wird. 'Weißer Pfirsich' ist eine sehr gute Freilandtomate, die aber vor allem wegen der behaarten Früchte ein Regendach benötigt. In den letzten Jahren gedieh sie bei mir im Freiland allerdings auch ohne Regendach gut. Die Stabtomate wird etwa 2 m hoch und verzweigt sich. Um den Ertrag zu steigern, ziehe ich die Sorte immer zweitriebig. Es ist eine mittelfrühe, allerdings sehr reich tragende Sorte und erste reife Früchte können erst ab August gepflückt werden. Dafür endet die Ernte erst Mitte Oktober und unreife Früchte reifen im Haus sehr gut nach. Ich pflücke aber auch schon früher grüne Früchte zum Nachreifen und Lagern, weil in den kühleren Herbsttagen die Früchte draußen zu langsam reifen, aufplatzen und sich Pilzkrankheiten wie die Braunfäule schnell ausbreiten.

Nicht nur die flaumig weiße Behaarung hat die Tomate mit dem Pfirsich gemein, sie ist im reifen Zustand auch wirklich weißgelb gefärbt. Der fruchtige, leicht süße Geschmack kommt bestens in Salaten zur Geltung. Da es nur wenige behaarte Sorten gibt, verwende ich sie meistens frisch, damit die schöne Haut noch sichtbar ist.

ÄHNLICHE SORTE: 'Whapsipinion Peach' (kleiner)

KULTUR: *Freiland mit Regendach*

WUCHS: *2 m hoch, Stabtomate, kann zweitriebig gezogen werden*

FRUCHT: *5–7 cm, mittelgroß, weißgelb, weich behaart*

Wildtomate Rosa

KULTUR: *Freiland mit Regendach, Topf*
WUCHS: *2 m hoch, Strauchtomate mit vielen Geiztrieben*
FRUCHT: *0,50 – 1,50 cm, rosarote Cocktailtomate*

Meistens sind Tomaten für die Topfkultur ziemlich niedrig. Mit der Auslese Wildtomate Rosa kommt eine hohe Sorte ins Spiel, die üppig wächst und gut als Sichtschutz dienen kann.

Wildtomaten sind ausdrucksstarke Pflanzen. Der wilde Charakter wird durch die ausgeprägte Wüchsigkeit besonders hervorgehoben. Die kleinen Früchte werden massenhaft gebildet und verschönern den Strauch zur Erntezeit.

Wildtomate Rosa wird etwa 2 m hoch und bildet viele Geiztriebe, die ich jedoch nicht entferne. Für den Ertrag bedeuten die vielen Triebe keine Einschränkung. Im Freiland braucht die Strauchtomate einen ausreichend großen Platz und viele Stützstäbe. Ohne einen Tomatenstab, an der sie hochgebunden wird, gedeiht die Pflanze nicht gut. Wegen der vielen Triebe und weil die Tomaten leicht platzen, ist ein Regendach wichtig. Mitunter pflanze ich die Wildtomate auch in 25-l-Töpfe, die ich in den warmen Hof stelle.

Mitte August kann mit der Ernte begonnen werden, die meist bis Ende September andauert. Die kleinen saftigen Cocktailtomaten schmecken sehr fruchtig und süß und sind ideal zum Naschen und zur Dekoration. In Salaten lasse ich die kleinen roten Früchte ganz. Bei länger anhaltendem kühlem Wetter leidet der Geschmack allerdings und die Tomaten bekommen ein fades Aroma. Abgesehen davon platzen sie alle vor der Ernte auf und verfaulen schnell.

ÄHNLICHE SORTEN: 'Schmatzefein', Rote Wildtomate, 'Rote Murmel'

„Die Zitronenform begeistert mich immer wieder und macht diese Tomate einzigartig. 'Zitronella' kann bis zu fünf Monaten gelagert werden. Auf weitgereiste Tomaten aus dem Supermarkt bin ich deshalb auch im Winter nicht angewiesen."

Zitronella

KULTUR: *Freiland mit Regendach*
WUCHS: *1–1,20 m hoch, Strauchtomate*
FRUCHT: *5–8 cm, gelb, zitronenförmig, mitunter hohl*

Tomaten, die wie Zitronen aussehen? Ja, es gibt sie tatsächlich. In Form und Farbe ist 'Zitronella' der echten Südfrucht sehr ähnlich. In meinem Garten wird die Tomatensorte im Freiland mit einem Regendach gezogen. Sie wird mit 1,20 m nicht allzu hoch und lässt sich als Stabtomate mit wenigen Geiztrieben einfach pflegen. Geerntet werden kann ab Ende Juli bis weit in den Herbst hinein, allerdings ist das Aroma sehr von der Witterung abhängig. Fruchtig süße Früchte entwickeln sich nur bei warmem sonnigem Wetter. Ansonsten sind die Tomaten eher mild im Geschmack und müssen dann mit ihrer Schönheit punkten. Erst wenn die Tomaten leuchtend gelb gefärbt sind, pflücke ich sie ab. Sie können in diesem vollreifen Stadium frisch gegessen werden. Sind sie dagegen noch nicht ganz reif, ist der Geschmack eher fade. Die milde, fruchtigsüße 'Zitronella' bildet ganz ebenmäßige und schnittfeste Früchte aus, die teilweise innen hohl sind und sich dann gut zum Füllen eignen. Aber auch in Scheiben geschnitten und mit Basilikum garniert oder in Kombination mit anderen Tomatensorten sehen sie schön aus und liefern einen guten Geschmack.
Erstaunlich ist für mich immer wieder die lange Haltbarkeit: Einzelne Früchte sind bis zu einem Jahr haltbar und verlieren währenddessen nur wenig an Aroma. Bei kühlen Lagerungsbedingungen im Haus sind sie bis fünf Monate haltbar. Einzelne Früchte hatte ich bei Zimmertemperatur bis zu einem Jahr gelagert.

ÄHNLICHE SORTE: 'Anna Herrmann'

Wachsen und Gedeihen

Ein bisschen eitel ist sie schon, die Tomate. Sie braucht viel Pflege und lässt sich nicht alles gefallen. Und doch hat uns die Tomatenlust gepackt.

Vor dem Aussäen schreibe ich ein Namensetikett. So kann ich Sortenverwechslungen vermeiden.

Vom kleinen Samen zur Pflanze

Die nächste Ernte kommt bestimmt! Jedenfalls, wenn ein paar der reichlich in jeder Tomate enthaltenen Samenkörner aus der reifen Frucht herausgenommen, gereinigt, getrocknet und bis zur nächsten Saison sorgfältig aufbewahrt werden (siehe Seite 124). Dann steht dem neuerlichen Tomatengenuss fast nichts mehr im Wege.

Welche Pflanzen wachsen wo am besten?

Noch vor dem Aussäen wird die Wahl getroffen: Welche Sorten sollen angebaut werden? Das ist eine wichtige Frage, nicht nur, weil es um den Geschmack geht, sondern auch weil es um den Standort geht. Es ist nämlich leichter, die Sorte nach den vorhandenen Anbaumöglichkeiten auszuwählen, als für komplizierte Diven extra Lebensräume zu schaffen. Das gilt für alle Gartenpflanzen und lässt sich auch auf die Tomatenwelt übertragen. Wenn Sie die Standortansprüche berücksichtigen, sparen Sie sich viel Arbeit und können sich auf das Wesentliche konzentrieren. Die entscheidende Frage bei der Sortenauswahl ist also: Wo werden meine Tomatenpflanzen wachsen? Ich unterscheide zwischen 4 Standorten bzw. Kategorien. Bei den Sortenporträts finden Sie immer eine entsprechende Angabe dazu.

- Freilandtomaten
- Freilandtomaten mit Regenschutz
- Gewächshaustomaten
- Topftomaten

Beste Voraussetzungen

Die lichthungrigen Tomaten werden für den Hausgarten am besten ab Mitte März bis Anfang April in Anzuchttöpfchen ausgesät. Anfangs konnte ich es meist nicht erwarten und habe schon im Februar mit der Aussaat begonnen. Jetzt weiß ich, dass die Tomaten sich nicht besser, sondern eher schlechter entwickeln. Die späte Aussaat gleicht sich dagegen durch ein zügiges Wachstum unter besseren Lichtbedingungen rasch aus. Zu früh ausgesäte Pflanzen leiden unter Lichtmangel und bilden lange, zu weiche, helle Triebe, die zudem von Läusen befallen werden.

Damit nicht alle Tomaten gleichzeitig reif werden, lohnt es sich, in sogenannten „Sätzen", also in wöchentlichen Abständen, auszusäen. Doch noch vor der Aussaat sollten Sie sich fragen, welche Sorte für Ihre Bedürfnisse und die gegebenen Standortverhältnisse am besten passen. Je nach klimatischen Bedingungen können Sie auch verschiedene Sorten mit unterschiedlich langer Reifezeit auswählen. Verbunden mit einer gestaffelten Aussaat verlängert sich die Erntezeit sicher um einige Wochen.

Aussaat

Zur Aussaat eignen sich am besten Aussaatschalen und Minigewächshäuser. Später zum Vereinzeln sind gebrauchte, saubere Plastiktöpfe mit etwa 9 cm Durchmesser nützlich. Kisten oder Schalen, in denen die Töpfe platzsparend und dennoch unfallsicher stehen können, sind als gebrauchte Gefäße oft kostenlos beim lokalen Gärtner zu haben.

Außerdem brauchen Sie Aussaaterde, also Blumenerde, die zur Hälfte mit Sand gemischt wird. Noch besser ist ein Gemisch zu gleichen Teilen aus Blumenerde, Sand und mehrere Jahre lang abgelagertem Kompost, der nährstoffarmer als frischer Kompost ist.

Zusätzlich sollten Sie Klarsichtfolie zum Abdecken, Plastiketiketten und einen Bleistift zum Beschriften parat haben.

Alles bereit zur Aussaat: Die Töpfe sind bis 2 cm unter dem Rand mit Erde gefüllt, diese wurde leicht angedrückt. Das ist wichtig, damit die Wurzeln der keimenden Samen in der Erde Halt finden. Die Samenkörner liegen in einer flachen Glasschale parat.

Vor der Aussaat befeuchte ich die Erde mit einer Brause. Und dann ist es soweit: Sorgfältig lege ich die Samen auf die feuchte Erde. Wenn sie im Abstand von 0,5 – 1 cm liegen, habe ich später weniger Arbeit mit dem Pikieren.

So komme ich nicht durcheinander und vertausche Sortennamen und Samen, sondern habe alles bestens im Blick:

- Samenkörner je Sorte 1 – 2 Stunden wässern
- Etikett mit Sortennamen und Datum schreiben
- Töpfe locker mit Erde füllen, in Kisten stellen, angießen und etwas abtrocknen lassen
- Je 9-er Topf 10 bis höchstens 20 Körner geben
- Samenkorndick (unter 1 mm) mit gesiebtem Erdsandgemisch abdecken
- Vorsichtig angießen, mit Klarsichtfolie abdecken und in die Folie ein paar Löcher stechen

Zum Abschluss bekommen die Tomatensamen noch eine leichte Decke aus Sand. Die Aussaaten decke ich maximal samenkorndick ab. Bei einer zu dicken Schicht keimen die Samen nämlich nicht. Nun brauche ich ein bisschen Geduld, bis die ersten Keimlinge aus der Erde spitzen.

Die Pflege nach dem Aussäen

Stehen die Töpfchen bei 20 Grad an einem sonnigen Platz, werden die Samen nach fünf bis zwölf Tagen keimen. Das ist abhängig von den Standortbedingungen und der Sorte. Die beiden Keimblätter schieben sich nach und nach durch die dünne Erdschicht und dem Licht entgegen. Es ist immer wieder faszinierend, wenn man beim Wachsen der Tomaten zusehen kann, denn das geht richtig schnell. Nach weiteren zwei Wochen, sobald sich die ersten beiden Laubblätter gebildet haben, pikiere ich sie dann in etwas weiterem Abstand. Beim Pikieren werden die eng stehenden Pflanzen vereinzelt. Das Wort stammt aus dem Französischen und bedeutet auch „reizen“ und das trifft die Sache ganz gut. Beim Pikieren werden die zarten jungen Wurzeln leicht verletzt, was die Pflanze zur verstärkten Wurzelbildung anregt. Ich vereinzele die jungen Pflänzchen zunächst in sogenannte Handschalen. In den niedrigen kleinen Schalen können die Pflanzen natürlich nicht lange bleiben und müssen dann nochmals umgepflanzt werden. Dieses mehrmalige Umtopfen hat sich bewährt, aber es ist natürlich auch zeitaufwendig.

Oben: Wenn sich das zweite Laubblattpaar zeigt, sind die Jungpflanzen bereit zum Vereinzeln.

Links: Meine Lieblingsarbeit! Im April pikiere ich Tausende von kleinen Tomatenpflanzen.

Drei bis vier Tage vor dem Pikieren verabreiche ich einen Flüssigdünger. Obwohl immer wieder zu lesen ist, dass Sämlinge und Jungpflanzen nicht gedüngt werden sollen, habe ich festgestellt, dass die Pflanzen den Umtopfstress mit einer leichten Düngergabe vor dem Pikieren besser überstehen und gesund und kräftig weiterwachsen. Am besten hat sich 1-prozentiger Flüssigdünger bewährt, zum Beispiel mit Melasse bzw. Vinasse. Davon gebe ich 10 ml in einen Liter Wasser. Der dunkle, honigartige Sirup aus Zuckerrüben oder Zuckerrohr ist Dünger und Pflanzenstärkungsmittel zugleich. Wer in der Nähe einer Zuckerrübenfabrik wohnt, kann sich Melasse dort besorgen. Im Internet gibt es aber auch ein reichhaltiges Angebot an Melasseprodukten, die man zum Düngen verwenden kann.

Oben: Zerriebene Beinwellblätter, die ich ins Pflanzloch gebe, enthalten viel Kieselsäure. Sie festigt das Pflanzengewebe der Tomaten.

Rechts: Wenn sich die Pflanze partout nicht in den Spiralstab biegen lässt, binde ich sie locker mit Weinbindedraht an.

Kür und Pflicht

Nicht immer ist Zeit für mehrmaliges Umsetzen, dann können die Pflanzen auch bis zum Topfen im Aussaatgefäß bleiben.
Bei einer Aussaat im März haben sich aus den anfangs kleinen Pflänzchen Anfang April schon recht stattliche Tomaten entwickelt, die jetzt einzeln in Töpfe mit normaler Blumenerde, eventuell mit etwas Kompost gemischt, gepflanzt werden. Ich etikettiere jeden Topf, um nicht die Übersicht zu verlieren.
Jeder Tomatenliebhaber hat einen anderen Platz, an dem die Pflanzen gut gedeihen. Mitunter dauert es ein paar Jahre, bis man den besten Standort herausgefunden hat. Vor allem, wenn die Tomaten im Haus kultiviert werden. Bei mir stehen sie im Gewächshaus: Hier sind sie gut mit Licht versorgt und auch wenn es noch mal kalt wird, stehen sie hier geschützt. Zum Pflichtprogramm gehört das ein- bis zweimalige Gießen pro Woche – nicht zu viel und nicht zu wenig!

Ab ins Beet

Die jungen Tomatenpflanzen wachsen behütet und umsorgt heran. Sie werden groß und größer, doch irgendwann wird der Topf zu klein, die Erde ist durchwurzelt und sie beginnen zu kümmern. Dann wird es Zeit zum Auspflanzen.

Was Tomaten brauchen

Wenn Tomaten in einen warmen, lockeren Gartenboden gesetzt werden, ist das die beste Voraussetzung für eine gute Entwicklung. Damit sie dann aber auch prächtig gedeihen und viele Früchte tragen, brauchen sie Nährstoffe. Am besten versorgt man den Boden schon drei bis vier Wochen vor dem Pflanzen mit abgelagertem Pferdemist, Kompost, Hornspänen oder anderen organischen Düngern. Ich arbeite vier Liter Kompost je Quadratmeter oder je nach Packungsangaben 60 – 150 g organischen Dünger ein. Darüber kommt dann noch eine Mulchschicht aus Stroh. Beides aktiviert das Bodenleben und die Nährstoffe sind für die Tomaten schneller verfügbar.

Nur die Harten kommen in den Garten

An warmen Frühlingstagen stelle ich die Tomaten in ihren Töpfchen gerne nach draußen, um sie abzuhärten. Am besten eignen sich Tage mit bedecktem Himmel, denn auch Tomaten können einen Sonnenbrand bekommen. Fachleute sprechen dann von Brandflecken.

Die Nächte verbringen die Jungpflanzen aber noch im Gewächshaus. Nach einigen Tagen werden die Stiele dicker und ihr Gewebe wird dunkler und fester.

Ab Mitte Mai bis Anfang Juni nach den Eisheiligen können die Pflanzen dann komplett ins Freie kommen. Im frostfreien Gewächshaus geht das natürlich schon früher, nämlich ab Mitte April.

Für eine gute Entwicklung und einen festen Stand im Gartenboden brauchen die Tomaten genügend Platz und einen Halt:

- Vor dem Pflanzen wird ein Spiralstab oder Holzpflock in die Erde gesteckt. Es ist besser, diese Arbeit am Anfang zu tun, damit sich die Pflanze später leichter hochbinden lässt.

DURSTIGE TOPFTOMATEN

Anfangs habe ich den hohen Wasserbedarf meiner Topftomaten unterschätzt, doch wird das Gießen einige Male vergessen, tragen meine Tomaten mir das bis zur Ernte nach. Dank meiner gartenbegeisterten Nachbarn werden meine Pflanzen täglich an sommerheißen Tagen versorgt.

- Das Sortenetikett wird gelocht und in praktischer Augenhöhe an den Spiralstab gesteckt.
- Mindestens 60 cm Abstand sollte zwischen zwei Pflanzen sein. Viele Pilzkrankheiten breiten sich in dichten Pflanzungen aus, weil das Laub dort schwer abtrocknet. Wegen des weiten Abstandes pflanze ich meine Tomaten gerne einreihig und setze statt Tomaten die niedrigen Buschbohnen in zweiter Reihe.
- Nach dem Pflanzen werden die Tomaten kräftig angegossen, danach je nach Witterung etwa alle zwei Tage.

Mehr als früher sind unsere Pflanzen besonderen Wetterkapriolen ausgesetzt. Immer häufiger ist es im Frühjahr sehr trocken. Zum Pflanzen von Tomaten im Freiland sind das keine guten Bedingungen. Meine Tomaten-Jungpflanzen setze ich deshalb seit einigen Jahren sehr tief ein, nur noch das oberste Blattpaar schaut aus dem Boden hervor. Das Pflanzloch hebe ich tief aus, dort hinein kommt Kompost und dann wird gut gewässert. Auf diese Weise bilden Pflanzen viel mehr Wurzeln, die dann auch in tieferen Bodenschichten Wasser holen können, wenn es sehr trocken ist.

Meine Topftomaten pflanze ich schon Anfang Mai. Sie stehen geschützt, in kühlen Nächten hole ich sie ins Haus.

Topf-Parade

Wer keinen eigenen Garten hat, braucht noch lange nicht auf frischen Tomatengenuss zu verzichten. In Töpfen gedeihen viele niedrige Sorten, Cocktail- und Wildtomaten. Ungeeignet sind nur sehr hohe und großfrüchtigen Sorten. Jede Pflanze kommt in einen mindestens 10–20 l-Topf, der mit nährstoffreicher Erde gefüllt wird. Meine Mischung für Topftomatenerde besteht zu gleichen Teilen aus Blumenerde und normaler Gartenerde, die ich mit einer Handvoll Kompost vermische. Genauso gut eignet sich aber auch eine Handvoll Hornspäne. Topftomaten werden am besten mit kurzen Stöcken gestützt. Im Gegensatz zu Freilandtomaten können sie im Topf zwei- bis fünftriebig gezogen werden.

Oben: Kranke, beschädigte oder zu dicht am Boden wachsende Blätter entferne ich regelmäßig. So können sich Krankheiten nicht ausbreiten.

Links: Ab Mitte Juni breche ich alle zwei bis fünf Tage die Geiztriebe aus den Blattachseln.

Hegen und Pflegen

Für die nächsten Wochen heißt es Daumen drücken. Wie alle anderen Menschen, die im Gartenbau und in der Landwirtschaft arbeiten, sind auch Tomatenanbauer auf das Wetter angewiesen. Kein Jahr gleicht dem anderen, doch vielleicht ist es gerade dieses Vertrauen in die Natur und auch die Neugierde darauf, was das Gartenjahr bringen wird, die uns Gärtner so glücklich macht.
Auch schlechte Jahre sind immer wieder dabei. Viel Regen, aber auch zu hohe Temperaturen und lange Trockenheit, bescheren den Pflanzen vermehrt Schädlinge und Krankheiten. Die Ernte fällt geringer aus und der Geschmack der Tomaten ist möglicherweise weniger intensiv.
Die große Freude über ein gutes Jahr, einen üppigen Ertrag und köstlichen Geschmack ist vielleicht gerade deshalb so schön. Das möchte ich nicht missen!

Die Sache mit den Geiztrieben

Drei bis vier Wochen nach der Pflanzung ist es Zeit, die ersten Geiztriebe von den Pflanzen zu entfernen. Diese Triebe sind unerwünschte Nebentriebe, die zwischen Stamm und Blättern wachsen. Lässt man die Nebentriebe stehen, entwickelt sich die Tomate sehr buschig und steckt ihre Kraft in die Entwicklung aller Triebe. Es bilden sich dann kleinere Früchte, die zum Teil gar nicht ausreifen.

UNTERE BLÄTTER ABKNIPSEN

Sind die Tomaten etwa 1 m hoch gewachsen, entferne ich die untersten Blätter. Durch Spritzwasser gelangen sonst Pilze auf die Blätter und Krankheiten sind vorprogrammiert. Ein bisschen Fingerspitzengefühl ist dabei vonnöten, damit die Verletzung gerade im unteren Pflanzenbereich nicht zu groß ist, denn die Wunden sind Eintrittspforten für Krankheiten.

Das ist der Grund, warum die Geiztriebe im Allgemeinen entfernt werden. Es gibt allerdings verschiedene Sorten, allen voran die Wildtomaten, bei der sich auch ohne Ausgeizen viele reife Früchte entwickeln – im Porträtteil ab Seite 33 wird das bei den entsprechenden Sorten immer erwähnt.

Schon ab einer Länge von 10 cm fangen viele Geiztriebe an zu blühen und dann wird es schwierig, sie zu entfernen ohne das Pflanzengewebe zu verletzen. Beim Gang durch den Garten breche ich alle zwei bis vier Tage die unerwünschten Geiztriebe vorsichtig aus. Dabei entsteht an der Pflanze allerdings immer eine Wunde, die schnell wieder abheilen soll, damit sie nicht als Eintrittspforte für Krankheiten und Schädlinge dient. An sonnigen, luftigen Tagen ist das Ausgeizen deshalb am günstigsten.

Bei Tomaten im Topf ist die Sache meist einfacher: Oft wachsen unter den etwas eingeschränkten Wachstumsbedingungen dort viel weniger Geiztriebe.

Futter für die Tomaten

Tomaten sind hungrige Pflanzen! Damit sie richtig gut gedeihen, brauchen sie Nährstoffe, die in wohldosiertem Maße gesunde Pflanzen und eine üppige Ernte garantieren. Ich mache zunächst eine Grunddüngung drei bis vier Wochen vor dem Auspflanzen mit organischem Dünger. 100–150 g je Quadratmeter arbeite ich dabei in den Boden ein, auf den später die Tomaten gesetzt werden. Dazu kommt noch 100 g Urgesteinsmehl und drei Liter Kompost je Quadratmeter. Bis zur Pflanzung haben die Bodenorganismen den Dünger optimal vorbereitet und die Tomaten müssen eigentlich nur noch zugreifen.

Ob nachgedüngt werden muss, zeigen die Pflanzen selbst an: Bei Stickstoffmangel wachsen sie schlechter und bilden nur dünne Triebe. Die Blätter nehmen einen gelblichen Ton an und zwar zuerst die älteren Blätter, denn Stickstoff wird in der Pflanze von den älteren in die jüngeren Teile transportiert. Bei andauerndem Stickstoffmangel werden auch weniger Blüten produziert und dann gibt es natürlich weniger zu ernten. Sollte sich zeigen, dass der Stickstoffvorrat im Boden nicht ganz ausreicht, gebe ich deshalb zusätzlich noch Melasse (siehe Seite 99): Bei älteren Pflanzen können 20–30 ml in einem Liter Gießwasser gelöst werden.

Wetterstress

Langanhaltende Trockenheit ist eine der großen Veränderungen, die der Klimawandel mit sich bringt, dazu kommt noch Hagel, Starkregen, Sturm. Für Tomaten kann das den Tod bedeuten, spätestens, wenn bei Regen ideale Bedingungen für einen Pilzbefall geschaffen oder bei Hagel Blätter und Früchte beschädigt werden. Wer im Freiland Tomaten anbaut, muss deshalb besonderen Wert auf robuste Freilandsorten legen und ggf. vor Starkregen oder Hagel, wenn möglich Tomatenhauben schützend über die Pflanzen stülpen. Damit bei heftigem Wind oder Sturm die Tomaten im Garten nicht umknicken, sollten Sie auf einen stabilen Stab achten, an dem die Pflanzen sorgfältig festgebunden werden.

Wasser marsch

Hauptursache für die Braunfäule und andere Pilzkrankheiten ist sehr oft feuchtes Laub und das ist eigentlich verständlich. Ursprünglich stammen viele Vorgänger unserer Tomatensorten aus Mexiko und dem Südwesten der USA und mussten dort mitunter monatelange Trockenheit ertragen. Mittlerweile sind die Sorten natürlich auch an das mitteleuropäische Klima angepasst; trotzdem lässt sich ihre Heimat nicht leugnen.

Tomaten wollen feuchte Füße, aber einen trockenen Kopf. Mithilfe des Tontopfes kommt das Wasser direkt an die Wurzeln.

Um nasses Laub zu vermeiden, gieße ich die Pflanzen von unten durch eine Tröpfchenbewässerung, die ich im Gewächshaus installiert habe. Genauso gute Dienste tut eine Bewässerungsrinne im Freiland, die direkt neben jeder Tomatenreihe entlangläuft. So kommt das Wasser an die Wurzeln, ohne dabei die Blätter zu benetzen.

Zum Gießen verwende ich vor allem das Wasser aus der Regentonne. Und wenn die leer ist, befülle ich meine Gießkannen immer einen Tag vor dem Gießen. So kann sich das Wasser noch etwas erwärmen und ist dann genau richtig für meine Tomatendiven!

Tomaten können auf schweren Böden, die gleichzeitig viel Wasser speichern, übrigens

Eine Mulchschicht schützt den Boden vor dem Austrocknen und erspart manchen Gießgang.

Rechte Seite: Wenn sich so schöne Früchte entwickeln, hat sich alle Mühe gelohnt.

auch über Tage und Wochen trocken gehalten werden. Der Ertrag wird zwar zurückgehen und die Schale der Früchte wird dicker, dafür werden sie noch aromatischer.

Eine gesunde Decke

Eine Mulchschicht ist für Tomatenpflanzen ideal. Materialien wie Rasenschnitt, gesunde Tomatenblätter, Geiztriebe oder gemähte Gründüngungspflanzen werden einfach zwischen den Tomatenpflanzen verteilt. Sie helfen dem Boden Wasser zu speichern und mehr Bodenleben zu entwickeln. Durch die Abdeckung spritzt weniger Wasser an den Pflanzen hoch. Außerdem haben es die Pflanzen leichter, im durch die Bodenlebewesen deutlich gelockerten Boden neue Wurzeln zu bilden.

Nette Nachbarn

Tomaten sind auch nur Pflanzen! Und sie wachsen dann besonders gut, wenn sie angenehme Nachbarn haben. Das liegt daran, dass Pflanzen sich gegenseitig im Wachstum beeinflussen können, und zwar durch bestimmte Wurzelausscheidungen, die förderlich oder

auch hinderlich wirken. Und weil Krankheitserreger und Schädlinge bestimmte Pflanzen meiden, profitieren auch die Nachbarn davon. Das gilt beispielsweise für Kohlarten, die Drahtwürmer fernhalten. Mit Kartoffeln, Paprika, Erbsen, Rote Bete und einigen anderen Gemüsearten vertragen sich Tomaten dagegen nicht so gut. Die Entwicklung der Pflanzen bleibt zurück und der Ertrag ist niedriger.

TOMATEN IN GUTER GESELLSCHAFT

- **Knoblauch und Basilikum:** förderlich für gesundes Wachstum
- **Neuseeländer Spinat:** als Unterpflanzung von Tomaten im Freiland und Gewächshaus, das Gemüse kann geerntet und verspeist werden oder man lässt es stehen und es dient als Mulchschicht
- **Buschbohnen:** guter Mischkulturpartner
- **Stangenbohnen:** gute Fruchtfolge
- **Schnittlauch:** förderlich gegen Kraut- und Braunfäule

VON BIENEN UND ERDHUMMELN

Wenn wir Tomaten im Garten anbauen, erwarten wir natürlich genau die Früchte, die auf der Samenpackung abgebildet sind oder in die wir uns bei der Tomatenverkostung im Herbst verliebt haben. Meistens ist das auch der Fall, denn Tomaten sind selbstbefruchtend. Mit dem Blütenstaub, den eine Blüte produziert, befruchtet sie sich gleich selbst. Tomaten sind Nachtschattengewächse und denen ist unter anderem eines gemeinsam: Die Pollenkörner sitzen fest in porösen Kapseln. Das ist ein Trick der Pflanzen, um die Selbstbestäubung zu fördern.

Doch auch eine natürliche Fremdbestäubung ist möglich: Bienen und auch der Wind können dazu beitragen, dass sich im Garten verschiedene Tomatenpflanzen kreuzen und die Früchte dann etwas anders aussehen, als wir das erwarten. Die Natur hat sich hier etwas ganz Besonderes ausgedacht. Mithilfe der sogenannten Vibrationsbestäubung schaffen es Wildbienen, Tomatenpollen von einer Pflanze zur nächsten zu transportieren. Bienen und vor allem auch Erdhummeln vibrieren mit ihrem indirekten Flugmuskel und schütteln dadurch den Pollen aus den Staubbeuteln. Sie machen das nicht, weil sie Nektar haben wollen. Tomaten produzieren nämlich gar keinen Nektar. Der Pollen ist jedoch sehr nährstoffreich und dient ihren Larven als Nahrung.

Heimische Insekten wie diese Hummel freuen sich über unsere Nutzpflanzen als Nahrungsquelle.

Wenn ganz untypische Früchte an derselben Pflanze wachsen, hat wohl eine Fremdbefruchtung stattgefunden.

Sorten erhalten

In der Züchtung hat man sich die Vibrationsbestäubung schon früh zunutze gemacht, um neue Sorten zu entwickeln. Es gibt sogar Spezialgeräte, doch diese manuelle Bestäubung ist extrem mühsam. Heute setzt man vor allem Erdhummeln in den Gewächshäusern ein, die sehr gute Arbeit leisten.

Im Garten hat man dagegen eine sogenannte Durchkreuzung nicht so gerne. Die Sorten, die wir anbauen, sollen bei der nächsten Aussaat möglichst erhalten bleiben, denn sie haben sich bewährt und bringen guten Ertrag und leckere Früchte.

Wenn sich im Garten viele Bienen und Hummeln tummeln, ist es sinnvoll, eine Menge unterschiedlicher Futterpflanzen, wie zum Beispiel Katzenminze, Melisse, Alant und Wicken anzubieten. So werden sie von den Tomaten weggelockt. Außerdem ist ein weiter Abstand zwischen den Pflanzen wichtig, denn bei starkem Wind kann auch dadurch eine Vibrationsbestäubung erfolgen.

Wer ganz sicher gehen und die Selbstbefruchtung fördern will, stülpt ein kleines Gazesäckchen über die Blüten und schüttelt immer wieder leicht an den Blüten.

Tomatenlust – Tomatenfrust

Bis die Ernte der Tomaten ins Haus steht, vergehen viele Wochen, in denen die Pflanzen gehegt und gepflegt werden. Und leider treten immer wieder Symptome auf, die auf eine Krankheit hindeuten, eine Mangelerscheinung signalisieren oder aber auf Pflegefehler hinweisen. Krankheiten und Schädlinge gehören zum Pflanzenleben dazu. Es ist wichtig, dann ein Gleichgewicht zwischen fördernden und schädigenden Einflüssen zu finden.
„Ein Garten will täglich seinen Gärtner sehen" – das ist eine alte Gärtnerweisheit. Für die Tomaten gilt das ganz besonders. Nur wenn wir regelmäßig nach den Pflanzen sehen, können wir rechtzeitig Krankheiten und Schädlinge erkennen, bemerken aber auch, wenn wir selbst einen Fehler bei der Kultivierung gemacht haben. Aus meiner langjährigen Erfahrung weiß ich eines aber ganz gewiss: Gerade aus den Fehlern, die ich gemacht habe, habe ich am meisten gelernt. Es bedarf einer langjährigen Erfahrung, um alle Symptome richtig zu erkennen und zu deuten. Ich habe deshalb auf den nächsten Seiten für Sie alle wichtigen Leiden und Wehwehchen der Tomate zusammengefasst. Sie finden hier die Ursachen für verschiedene Erkrankungen und was Sie dagegen tun können.

Tomatenleiden richtig deuten

Neben verschiedenen Krankheiten und Schädlingen, die der Tomate zu schaffen machen können, sind es oft Fehler bei der Kultivierung, die aus gesunden Pflanzen kranke machen können. Und das fängt

Diese „Mit-Esser" mag ich gar nicht. Schnecken höhlen die Früchte komplett aus.

Unter einem Tomatendach stehen die Pflanzen gut geschützt und die empfindlichen Früchte platzen bei Regen nicht auf.

schon beim Standort an. Ein tiefgründiger, nährstoffreicher Boden mit viel Feuchtigkeit ist genau richtig und der sollte am besten noch in der Sonne liegen, idealerweise an einer Südwand, die die Sonnenwärme gut zurückstrahlt. Da es solche optimalen Plätze aber nicht allzu häufig gibt, können Sie mit regelmäßigem Gießen und einer guten Nährstoffversorgung nachhelfen. Tomaten sind selbstverträglich, das heißt sie können über viele Jahre am selben Standort angebaut werden. Bei vielen anderen Gemüsearten ist das nicht der Fall, denn oft treten Krankheiten immer stärker auf, wenn ein und dieselbe Pflanze immer wieder auf dem gleichen Standort angebaut wird. Häufig sind es bestimmte Pilze, die im Boden überdauern und die Pflanzen dann erneut und stärker befallen. Aber auch bei Tomaten können nach etwa sieben Jahren bestimmte Krankheiten überhandnehmen. Dann ist es Zeit, den Standort zu wechseln oder die Erde im Gewächshaus auszutauschen. Ist im Gewächshaus nicht viel Platz, können Sie die Tomaten wie im Profianbau zu zweit in 70-l-Erdsäcken wachsen lassen. Vor allem Regen macht sehr vielen Tomatensorten zu schaffen. Deshalb ist – wenn kein Gewächshaus zur Verfügung steht – ein Regenschutz so wichtig. Bewährt hat sich ein 2–2,50 m hohes Regendach aus beispielsweise Acrylglas oder aus klarer Gärtnerfolie, die über ein Holzgestell gespannt wird. Im Gegensatz zum Gewächshaus sind die Seitenwände komplett offen. Die alten Sorten brauchen mehr Luftbewegung, also Durchzug. Im Kleingewächshaus oder unter Tomatenhauben ist es Ihnen zu stickig und sie bekommen Pilzkrankheiten. Tomatenhauben sind meiner Erfahrung nach völlig ungeeignet.

Durch Kalziummangel entsteht die Fruchtendfäule. Besonders festfleischige Sorten sind anfällig dafür.

Fruchtendfäule

Bei der Fruchtendfäule weisen die Früchte am Blütenansatz einen dunkelbraunen, wässrigen Fleck auf. Oder es entstehen, ähnlich wie bei der Stippigkeit von Äpfeln, auf den Früchten verteilt lauter braune 0,5 – 2 cm große Flecken. Wenige Tage später ist das Gewebe eingetrocknet und verhärtet. Vor allem festfleischige Tomaten wie 'Andenhorn' und 'San Marzano' sind davon betroffen.Verursacht wird diese Schädigung durch eine mangelnde Kalziumversorgung der Pflanze – auch wenn genügend Kalzium im Boden ist. Starke Temperaturschwankungen, einseitige Düngung und unregelmäßige Wassergaben sind meist dafür verantwortlich, dass die Pflanze das Kalzium nicht in ausreichenden Mengen aufnehmen kann. Vor allem hohe Kalium- und Stickstoffgehalte im Boden verhindern die wichtige Kalziumaufnahme in der Pflanze. Damit die Fruchtendfäule nicht auftritt, sollten Sie auf eine ausgewogene Düngung achten und regelmäßig gießen. Ein Kalziumflüssigdünger schafft schnelle Abhilfe. Er wird am besten als Blattdüngung in 2%iger Lösung ausgebracht.

Zu geringer Fruchtansatz

Ungünstige Standortverhältnisse verbunden mit einer zu geringen Wasserversorgung sind meist die Ursache für einen zu geringen Fruchtansatz. Aber auch eine zu hohe Stickstoffversorgung kann dazu führen. Vor allem zum Wachstumsbeginn benötigen die Pflanzen genau die richtige Düngermenge. Ich verwende Melassedünger (siehe Seite 99), aber natürlich können Sie auch spezielle Tomatendünger aus dem Fachhandel verwenden. Achten Sie dabei aber immer auf die Gebrauchsanweisung. Wenn Sie zum Wachstumsbeginn zu viel düngen, entwickeln die Pflanzen zwar viele Triebe, aber es werden sich nicht so viele Früchte bilden.
In Gewächshäusern ist es oft sehr warm und wenn dann nicht genügend gelüftet und gegossen wird, werden die Pflanzen ihre Blüten abwerfen, um Kraft zu sparen. Die Blüten werden zunehmend von verschiedenen Bakterien und Pilzen befallen. Oft sind in unseren Gärten zu wenige Bestäubungsinsekten unterwegs. In windstillen Lagen und Gewächshäusern bleiben die Tomaten ebenso unbefruchtet. Tomaten sind Selbstbefruchter, durch ein leichtes Schütteln wird der Bestäubungsmechanismus der Blüten ausgelöst.

Leider können auch die Blüten von einem Bakterium befallen werden, das zu ihrem vorzeitigen Absterben führt. Ursachen sind hohe Luftfeuchtigkeit und schlechte Durchlüftung. Sind die Pflanzen erst einem befallen, ist meines Wissens nach keine wirksame Abhilfe mehr möglich.

Grünkragen

Die reifen Früchte zeigen im Bereich des Stiels eine oder mehrere nicht ausgefärbte grüne oder gelbe Zonen. Das Fruchtfleisch ist an diesen Stellen härter. Dieses Symptom tritt meist nur bei bestimmten Sorten auf. Versuchen Sie, die Früchte nicht so sehr der prallen Sonnen auszusetzen, geizen Sie nicht zu stark aus und vermeiden Sie zu hohe Stickstoffgaben.

Der sogenannte Grünkragen entsteht bei Kalziummangel, zu hoher Stickstoffdüngung und zu starkem Verlust der Blätter.

Aufgeplatzte Früchte

Viele seltene Tomatensorten haben eine dünne, weiche Schale und können daher leichter aufplatzen. Weitere Ursachen sind starke Temperaturschwankungen und unregelmäßige Wassergaben. Mit einem Regendach können Sie das Aufplatzen vermeiden. Die starken Tag- und Nachtemperaturunterschiede im Herbst werden am besten im Gewächshaus oder einen besonders geschützten Standort ausgeglichen.

Gelbe Blätter mit grünen Adern – das kann ein Anzeichen für Magnesiummangel sein.

Gerollte Blätter

Tomaten bilden gerollte Blätter, wenn sie überdüngt sind, unter Trockenheit leiden oder ihnen zu viele Blätter entfernt wurden. Das Symptom ist an heißen Sommertagen häufig zu beobachten. Durch das Blattrollen wird die Oberfläche verringert und die Pflanze verdunstet weniger Wasser. Keine Sorge, das ist ein natürlicher Schutzmechanismus. Die Pflanze wird dadurch nicht geschädigt.

Gelbe Blätter

Bei Magnesiummangel färben sich die Tomatenblätter gelb, die Blattadern bleiben aber grün. Später bilden sich noch braune Blattflecken, die vertrocknen. Nach einer Bodenuntersuchung kann der pH-Wert des Bodens mit Kalk, zum Beispiel mit Dolomitenkalk, der auch Magnesium enthält, angehoben oder mit Bittersalz gedüngt werden.

Krankheiten erkennen

Selbst perfekt gehegte und gepflegte Tomatenpflanzen können krank werden, denn nicht immer liegt es an mangelnder Fürsorge, wenn Krankheiten den Tomaten zusetzen. Bei einer regelmäßigen Wasserversorgung, einem ausreichend großen Abstand zu den Nachbarpflanzen, einem Regendach und dem Entfernen verwelkter Blätter kann ein Befall aber doch oft in Grenzen gehalten werden.

Tückische Viruserkrankungen

Gekräuseltes oder geschecktes Laub kann auftreten, wenn eine Viruserkrankung die Tomaten befallen hat.

Immer häufiger treten Viruserkrankungen in der Pflanzenwelt auf. Übertragen werden sie fast immer durch Schädlinge, zum Beispiel Läuse, und mechanische Verletzungen sowie durch virusbefallenes Saatgut. Tomaten werden vor allem vom Tabak- und Gurkenmosaikvirus befallen. Die Tomatenblätter sind beim Tabakmosaikvirus mosaikartig hell- und dunkelgrün verfärbt, das Gewebe ist sehr fest und die Pflanze ist im Wuchs sehr gestaucht. Beim Gurkenmosaikvirus sind die Blätter zusätzlich nur noch fadenförmig ausgebildet und die Triebspitzen verkümmern. Auf dem Vormarsch in Europa befindet sich das sehr gefährliche Jordan-Virus. Erkennbar wird ein Befall durch leichte bis starke Mosaikverfärbungen der Blätter, die teilweise schmal oder blasig gewölbt sind. Die Früchte zeigen braune oder gelbliche Verfärbungen und sind runzelig.

Es ist gar nicht so einfach, eine Viruserkrankung zu erkennen, denn oft sind mehrere Virenstämme beteiligt und die Symptome vermischen sich. Kranke Pflanzen müssen Sie unbedingt vernichten, denn es gibt keine Abhilfemaßnahmen. Zur Vorbeugung sollten sie gesundes Saatgut oder gesund aussehende Jungpflanzen verwenden.

Vor Pilzkrankheiten schützen

Pilzkrankheiten entstehen oft, wenn das Bodenleben gestört ist. Dies kann als Folge einer Stickstoffüberdüngung, ständig feuchtem Blattwerk oder zu engem Pflanzenabstand geschehen. Tomaten, Kartoffeln, Gurken, Paprika, Tabak und Zucchini werden von ähnlichen Pilzen befallen.

Pflanzenstärkungsmittel sind ein ganz großes Thema geworden. Diese Mittel sind im Fachhandel erhältlich, bestehen aus Braunalgen, seltenen Spurenelementen oder Brennnesselauszügen und werden entweder auf die Blätter gespritzt oder über das Gießwasser gegeben.

Gegen Pilzkrankheiten, die gerne in einem saurem Milieu wachsen, helfen auch Spritzungen mit basischen Lösungen wie zum Beispiel mit Wasser verdünnte Milch im Verhältnis 1:10, Kalkbrühen aus Brannt- oder Dolomitenkalk oder Lösungen aus Backpulver. Um Pilzkrankheiten zu vermeiden ist es wichtig, Tomatenstäbe, Scheren und alles Handwerkszeug nach der Ernte zu säubern und mit Alkohol abzureiben, denn an diesen Geräten haften Pilzsporen. Bei Tomaten begegnen uns eine Reihe von Schadpilzen:

Echter Mehltau Ein weißer mehlartiger Belag breitet sich auf den Blattoberseiten und Trieben aus. Die Blätter vergilben und vertrocknen.

Samtfleckenkrankheit Sie breitet sich bei feuchtem, kühlem Sommerwetter hauptsächlich in schlecht gelüfteten Gewächshäusern aus. Auf den Blattoberseiten sind unregelmäßige gelbe Flecken, auf den Unterseiten ein grauer samtiger Pilzbelag zu erkennen. Die Pflanze ist deutlich in ihrem Wachstum gehemmt und die Ernte kann über die Hälfte verringert sein. Zur Vorbeugung sollten die Pflanzabstände weit sein.

Die Samtfleckenkrankheit macht sich blattoberseits mit gelben Flecken und unterseits mit graubraunem Schimmelrasen bemerkbar.

Dürrfleckenkrankheit Von unten her bilden sich auf den Blättern rundliche, graubraune Flecken, die teilweise von den Blattadern begrenzt sind. Stark befallene Blätter rollen sich ein und vertrocknen. Die Früchte faulen im Kelchbereich und werden dort matschig.

Frucht- und Stängelfäule, Didymella An älteren Pflanzen ist der Stiel in Bodennähe schwarz gefärbt und nach innen eingesunken. Die Pflanze welkt und stirbt ab.

Kraut- und Braunfäule Innerhalb von wenigen Tagen führt die Kraut- und Braunfäule zum völligen Absterben der Pflanze. Auf Blättern, Stielen und Früchten bilden sich erst gelbliche, dann braune Flecken und die Früchte werden ungenießbar.

Mit braunen Flecken auf Früchten und Blättern ist mir die Braunfäule als häufigste Tomatenerkrankung bestens bekannt.

Grauschimmel, Botrytis Grauschimmel tritt häufig erst im Herbst auf. Auf Blättern, Stielen und Fruchtständen bildet sich in feuchten, schlecht gelüfteten Beständen ein grauer Schimmelrasen. Die Früchte haben helle Flecken.

Das Gespinst der Spinnmilben ist ein filigranes Gebilde. Die Schädlinge richten manchmal großen Schaden an.

Auf den (Tomaten-)leib gerückt

Auch eine Reihe von Schädlingen kann den Tomaten das Leben schwer machen. Allerdings treten sie vermehrt im Gewächshaus auf. Im Freiland werden sie nur dann lästig und verursachen Schäden, wenn die Tomaten durch falsche Kulturbedingungen, also zu schattiger Standort, unregelmäßiges Gießen oder falsche Nährstoffversorgung sowieso schon geschwächt sind. Die Insekten schädigen die Tomaten durch den sogenannten Saftentzug und können Pflanzenkrankheiten übertragen. Auf ihren klebrigen Ausscheidungen siedeln sich dann auch noch Rußtaupilze an. Rußtaupilze sind im Gegensatz zu Botrytis, Mehltau und Co. weniger schädigend, da sie nicht ins Pflanzengewebe eindringen. Sie siedeln sich auf Honigtau an, der ihnen als Nahrung dient. Bei einem Befall überzieht sich die Blattoberfläche mit einem rußartigen, braunen bis schwarzen Belag. Die Pilze können durch gründliches Abwaschen der Blätter beseitigt werden.

Spinnmilben

Spinnmilben verursachen gelbe Blattoberflächen, die später eintrocknen. Auf den Blattunterseiten sind feine Gespinste zu erkennen. Nützlinge, zum Beispiel Raubmilben, gibt es im Fachhandel zu kaufen. Sie können im Gewächshaus die Spinnmilben in Schach halten.

Thripse verursachen silbrig weiße Blattflecken.

Thripse

Die winzigen Thripse schädigen die Pflanze durch ihr Saugen. Ihr Befall ist nur durch kleine silbrige Flecken an den Tomatenblättern zu erkennen, in der Folge treten gesprenkelte Tomatenfrüchte auf. Raubmilben und Florfliegenlarven sind im Gewächshaus die „Waffe“ gegen die Schädlinge.

Die Weiße Fliege macht sich vor allem im Gewächshaus an die Tomaten ran.

Weiße Fliege, Mottenschildlaus

Am häufigsten schädigt die Weiße Fliege die Pflanzen durch Saftentzug. Ihr natürlicher Gegenspieler ist die Schlupfwespe, die Sie im Fachhandel bestellen und im Gewächshaus einsetzen können.

Tomatenrostmilben

Diese winzigen Gallmilben sind mit dem bloßen Auge nicht zu erkennen und entwickeln sich in nur fünf bis sieben Tagen vom Ei zum fertigem Insekt. Sie werden über den Wind und durch Läuse transportiert. Oft fallen ihre schädigenden Wirkungen erst dann auf, wenn es für eine Bekämpfung zu spät ist: Die Triebe verfärben sich rotbraun, junge Blätter vertrocknen, die Früchte verkorken und ihre Schale reist ein. Ich entferne die befallenen Pflanzen sofort und entsorge sie, damit die Milben nicht verbreitet werden.

Tomatenminierfliegen

Tomatenminierfliegenlarven schädigen die Tomatenblätter durch stark gewundene Miniergänge. Sie können durch Schlupfwespen dezimiert werden.

Tomatenhornwurm, Tomatoe worm

Von Amerika können völlig neue Schädlinge einwandern, unter anderem Raupen, die in den Tomatenfrüchten leben. Ein Beispiel ist der Tomatenhornwurm, eine nachtaktive Falterart. Noch ist nicht viel über diese in Europa neuen Schädlinge bekannt. Die Raupen sind giftgrün, haben fünf halb ausgebildete Beinpaare und mehrere weiße V-förmige Zeichnungen.

Allerdings können auch andere Raupen, wie die hellgrünen Raupen der Gemüseeule oder die rötlichen des Baumwollkapselwurmes, gerade im Spätsommer zu Fraßschäden führen. Es gibt noch keine wirksamen Empfehlungen zur Bekämpfung. Für professionelle Tomatenanbauer können diese Schädlinge zum Problem werden.

Blattläuse

Manchmal können im Juni für kurze Zeit Blattläuse an den Tomaten auftauchen. Einen Handlungsbedarf gibt es jetzt nicht, da die Läuse schnell von Vögeln und anderen Gartennützlingen verspeist werden.

SIEBEN PUNKTE FÜR GESUNDE TOMATEN

- Gesundes Saatgut wählen
- Auf einen gesunden Boden achten
- Zu starke Düngergaben, vor allem Stickstoff, vermeiden
- Organische Düngung schon drei bis fünf Wochen vor der Pflanzung in den Boden einarbeiten
- Einen Pflanzenabstand von mindestens 60 cm, besser noch 80 cm einhalten
- Den Boden mulchen, um Wasser zu sparen und das Bodenleben zu fördern
- Ein Tomatendach hält viele Krankheiten fern und verhindert ein Aufplatzen der Früchte

MIT DER LEIDENSCHAFT EINES PFLANZENZÜCHTERS

Freilandtomaten sind ein heikles Thema, denn in den meisten Jahren gelingt ihr Anbau mehr schlecht als recht. Daran schuld ist der Pilz *Phytophtora infestans*, der die Kraut- und Braunfäule hervorruft und meist großen Schaden verursacht. Feuchtigkeit vom Tau oder Regen, die längere Zeit auf den Tomatenblättern liegt, öffnet dem Pilz sozusagen Tür und Tor. Er dringt über die Spaltöffnungen und Verletzungen in das Gewebe ein – und dann ist es meist schnell vorbei mit gesunden Pflanzen und Früchten.
Aus diesem Grund sieht man kaum noch Freilandtomaten in Gärten. Wer sich dem Tomatenanbau verschrieben hat, der baut sich ein Tomatenhaus oder kultiviert sie gleich im Gewächshaus.

Große Hoffnung: Primabella und Primavera

Nun gibt es endlich Hoffnung, dass wir doch bald wieder Tomaten ganz ohne Schutz im Freiland anbauen können. Zu verdanken haben wir das Dr. Bernd Horneburg, dem Freilandtomaten ganz besonders am Herzen liegen. Er beschäftigt sich an der Universität Göttingen seit vielen Jahren mit der Züchtung von Freilandtomaten, die ganz ohne Spritzmittel auskommen und somit für ökologischen Anbau bestens geeignet sind.

Im Öko-Zuchtgarten der Uni Göttingen werden die Früchte jeder Pflanze für weitere Untersuchungen einzeln geerntet.

Züchter, wie die von Culinaris – Saatgut für Lebensmittel, achten auf den Schutz vor ungewollten Verkreuzungen.

Seine Züchtungserfolge basieren darüber hinaus ganz ohne gentechnische Manipulationen, und die Ergebnisse jahrelangen Forschens und Züchtens können sich sehen lassen.
Die neue Sorte ‘Primabella’ ist beispielsweise eine Cocktailtomate, die auch unter schwierigen Umweltbedingungen noch gesund bleibt und dabei feste, saftige und sehr aromatische Früchte hervorbringt. ‘Primavera’, eine andere Sorte, ist genauso empfehlenswert für den Anbau im Freien, reift aber einige Wochen früher. In höher gelegenen Regionen ist sie die geeignetere Sorte.

Geschmack ist Trumpf

Dr. Horneburg und seine Kolleginnen und Kollegen von der Universität Göttingen prüfen die Tomaten auf „Herz und Nieren“. Die robusten neuen Sorten werden an verschiedenen Standorten angebaut und müssen sich dort bewähren. Außerdem wird nur zur Pflanzzeit gewässert und gedüngt, in der übrigen Vegetationszeit müssen die Tomaten mit den Bedingungen am Standort vorlieb nehmen. Die Tomaten, die in Göttingen gezüchtet werden, sollen robust und widerstandsfähig sein, ganz wichtig bei allen züchterischen Bemühungen ist aber immer der Geschmack.

Born to be wild

Viel zu wenig Beachtung finden Wildtomaten, die ideal im Garten gedeihen. Bernd Horneburg empfiehlt ‘Rote Murmel’ und ‘Golden Currant’. Sie wachsen ohne besondere Pflege und Fürsorge und müssen nur etwas hochgebunden werden. Die kleinen Tomatenfrüchte überzeugen mit einem hervorragenden Geschmack.

Ende und Anfang – Erntezeit

Sommer pur! Ein Korb voll frisch geernteter Tomaten aus dem eigenen Garten.

Endlich ist sie da, die Zeit der Ernte. Schöne rote, grüne und gelbe, kleine und große, runde, eiförmige und ovale Früchte sind herangereift und müssen nur noch abgepflückt werden. Lohn der Arbeit und Mühe über viele Wochen – der Herbst und die Ernte, das ist das Schönste am Gartenjahr.

Die Reifezeit ist bei Tomaten sehr stark von der Sonneneinstrahlung abhängig. In heißen Sommern kann man den Früchten fast schon beim Verfärben zusehen. In regenreichen Jahren müssen Sie dagegen mitunter recht lange auf die Erntezeit warten. Zudem kann durch schlechtes Wetter auch der Ertrag niedriger ausfallen. Mit einem gestaffelten Auspflanzen, angefangen mit früh reifenden Sorten, können Sie die Erntezeit deutlich verlängern und möglichen Schlecht-Wetter-Kapriolen ein wenig vorbeugen. Am besten suchen Sie sich drei bis vier Sorten aus, die sehr früh und frühreifend sind und pflanzen sie im Abstand von ein bis zwei Wochen aus. Die Erntezeit wird zusätzlich auch noch durch den Tomatenanbau im Gewächshaus verlängert, denn dort können die Tomaten schon vor den Eisheiligen ausgepflanzt werden. Bevor die ersten Fröste drohen, muss aber alles abgeerntet sein, auch die unreifen Früchte.

Das schmeckt

Bunte Tomaten sind dann reif, wenn sich ihre Früchte leicht eindrücken lassen. Jede Sorte hat dabei ihr Geschmacksoptimum, und es ist am besten, wenn Sie selbst ausprobieren, wann die beste Zeit

Wildtomaten sind pflegeleicht, aber die Erntearbeit ist ziemlich aufwendig.

zum Ernten ist. Frisch gepflückt lässt sich das Aroma der Tomaten am besten erkennen. Es gibt übrigens einen geschmacklichen Unterschied, je nachdem ob die Frucht am Morgen oder am Nachmittag gepflückt wurde, wenn die Sonne schon einige Stunden geschienen hat. Beide Aromen sind interessant. Probieren Sie es aus! Die orange mittelgroße 'Auriga' schmeckt zum Beispiel halbreif, im hellorangen Zustand, am würzigsten. Wenn die Früchte zu lange hängen und schon fast orangerot sind, werden sie etwas mehlig und sind dann nicht mehr jedermanns Sache. Andere Sorten wie die rotschwarz gestreifte Cocktailtomate 'Safari' schmecken am besten, wenn die Früchte schon fast schrumpelig und überreif sind. Viele Sorten, die ich Ihnen vorgestellt habe, produzieren über mehrere Wochen reife Früchte, die nach und nach geerntet werden können. Dazu gehören zum Beispiel die 'Gelbe Cocktailtomate', die rote 'Haubners Vollendung', die orangefarbene Flaschentomate 'Fonarik' oder die rote 'Maiglöckchen'.

Zur Erntezeit ist in meinem Garten Hochsaison und es gibt sehr viel zu tun. Trotzdem gehört der tägliche Gang in den Garten, um die reifen Früchte zu ernten, zu meinen Lieblingsbeschäftigungen. Ich überlege nicht nur, welche köstlichen Rezepte ich ausprobieren könnte, sondern beobachte sehr genau, welche Sorten besonders viele Früchte tragen und bis zum Schluss gesund geblieben sind. Diese Merkmale und Eigenschaften werden in mein elektronisches Tomatentagebuch aufgenommen, denn sie entscheiden darüber, bei welchen Sorten sich eine Vermehrung besonders lohnt. Nicht nur für mich, sondern auch für meine Kunden sind das nützliche Informationen.

Ernten leicht gemacht

Im Gegensatz zu vielen Kräutern oder auch manch anderem Gemüse kommt es bei der Tomatenernte nicht so sehr darauf an, zu welcher Tageszeit die Früchte geerntet werden. An hellen Tagen, wenn die Tomaten ausreichend Sonne tanken konnten, ist der Gehalt an wertvollen Inhaltsstoffen aber besonders hoch, und da sich Tomaten einige Zeit ohne nennenswerte Verluste lagern lassen, können ruhig viele reife Früchte gleichzeitig geerntet werden.

In meinem Garten befindet sich schon seit Langem eine Schere nur für die Tomatenernte. Gartenscheren, die auch sonst für die Gartenarbeit verwendet werden, sind erfahrungsgemäß schmutzig und zum Teil auch mit Krankheitskeimen belastet. Gelangen die Keime dann an die geernteten Tomaten, kann das die Haltbarkeit beeinflussen. Und da ich die meisten Früchte zur Vermehrung verwende, wäre es besonders schlimm, wenn die Krankheitserreger sich auf die Tomaten und damit auch auf die Samen übertragen würden. Die Schere wird deshalb auch täglich gereinigt. Wer mehrere verschiedene Sorten im Garten anbaut, sollte an jeder Pflanze ein Namensschild befestigen, um Verwechslungen zu vermeiden. Das ist schon während der Wachstumszeit wichtig, denn idealerweise notiert man sich zu jeder Pflanze die Entwicklung, ob Krankheiten aufgetreten sind, wann die Sorten gereift sind, wie hoch der Ertrag war und wie der Geschmack. In den Körben, die ich zum Ernten mitnehme, liegen ebenfalls Namenszettel. Es passiert nämlich sehr schnell, dass man nicht mehr weiß, welche Sorte gerade geerntet wurde. Das ist beim Kochen interessant, vor allem aber wichtig, wenn die Samen geerntet und zur neuen Aussaat aufbereitet werden sollen (siehe Seite 124).

Jede reife Frucht wird einzeln in die eine Hand genommen, mit der anderen schneide ich sie oberhalb der Kelchblätter ab. Hin

Jede Sorte bekommt bei mir ein leeres Samentütchen mit dem Sortennamen in den Erntekorb. Dann weiß ich später, welche Sorte auf den Teller oder ins Aussaattöpfchen kommt.

Es macht Spaß zu beobachten, wie noch unreife, grasgrüne Früchte sich nach ein paar Tagen gelb oder rot verfärben.

und wieder wird auch empfohlen, die Früchte abzudrehen, doch dadurch entsteht eine Wunde direkt am Fruchtansatz. Die Folge davon ist eine verschlechterte Haltbarkeit. Dann lege ich die Tomaten nebeneinander in den Korb – nicht übereinander, damit es keine Druckstellen gibt.

Noch nicht reif – was nun?

Die ersten Nachtfröste stehen ins Haus und noch immer hängen Tomaten an den Pflanzen? Keine Sorge! Alle Tomaten werden geerntet, das möchte ich Ihnen ans Herz legen, keine soll dem Frost zum Opfer fallen. Die unreifen Tomaten lege ich dann meistens auf Tabletts, die an einen warmen Platz kommen. Die Früchte dürfen sich nicht berühren. Denn sollte eine Tomate krank sein, so überträgt sie durch den engen Kontakt zu ihrer Nachbarin schnell die Krankheit – und zum Schluss hat sich alle Mühe möglicherweise nicht gelohnt und die Tomaten müssen entsorgt werden. Bei verschiedenen Sorten, zum Beispiel 'Weißer Pfirsich', pflücke ich im September auch einige grüne Früchte ab. Sie reifen im Lager wunderbar nach und halten sich auf diese Weise viele Wochen lang. Auf die vom Süden importierten Tomaten des Supermarktes bin ich dadurch im Herbst oder beginnenden Winter nicht angewiesen.

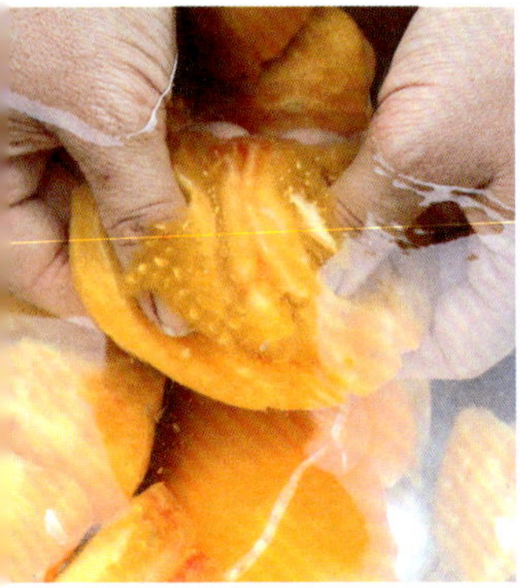

Die geputzten und halbierten Tomaten wasche ich in einer großen Schüssel mit handwarmem Wasser aus, so spritzen keine Samenkörner an die Küchenwand.

Die in einem Küchensieb abgespülten Samen gebe ich für ein bis zwei Tage in ein volles Wasserglas zum Vergären. Dabei werden viele Krankheiten abgetötet.

Wenn das Wasser milchig grau wird und säuerlich riecht, gieße ich die Tomatenkerne in einem Sieb ab und verteile sie auf beschichteten Papptellern. Beschriften nicht vergessen! Nach ein bis zwei Wochen sind sie trocken.

Samen aus eigener Ernte

Es ist eine Sache, die Tomaten zum Naschen und Kochen zu ernten. Wie bei so vielen Dingen im Leben darf man aber auch bei der Tomatenernte nicht nur an den kurzfristigen Genuss denken, sondern sollte auch ins nächste Jahr und auf die kommende Aussaat schauen. Für den Verkauf der Samen an den verschiedenen Saatgutbörsen und Pflanzenmärkten benötige ich eine Menge Saatgut, das in mühevoller Kleinarbeit aufbereitet wird und dann im nächsten Jahr vielen Tomatenliebhabern zur Verfügung steht. Wer gerne experimentiert und von Anfang an das eigene Saatgut verwenden möchte, kann aus den geernteten Früchten selbst Samen gewinnen. Die gärtnerische Freude über Pflänzchen aus selbst gewonnenem Saatgut ist kaum zu übertreffen! Etwas Zeit und Geduld müssen Sie aber mitbringen, damit die Arbeit auch von Erfolg gekrönt wird.

Kontrolle ist gut, Vertrauen ist besser

Schon bei der Aussaat und dann während der gesamten Vegetationszeit bis zur Ernte sollten Sie die Eigenschaften der Sorte ständig im Auge behalten und notieren. Anhand dieser Aufzeichnungen können Sie dann genau auswählen, von welchen Tomaten Sie Samen gewinnen möchten und bei welchen sich die Mühe einfach nicht lohnt. Nicht zu unterschätzen sind übrigens auch die Vorlieben der Familie. Denn eine Tomate, die eigentlich niemand gerne isst, die muss eigentlich gar nicht mehr angebaut werden. Suchen Sie sich also die leckersten und klar, auch die hübschesten Tomatensorten aus.

Aber es ist nicht nur wichtig, dass die Tomate gut schmeckt und vielseitig verwendbar ist, sie muss auch gesund und robust sein und sich im eigenen Garten bewährt haben. Auch das sollten Sie in Ihren Notizen unbedingt festhalten: Wie lange war die Reifezeit? Wie hoch war der Ertrag? Wie lange konnten die Früchte gelagert werden? Wie ließ sie sich verarbeiten?

Sind die Sorten dann ausgewählt, kann es an die Arbeit gehen. Die Pflanzen, die Tomaten für die Saatguternte liefern sollen, müssen dabei unbedingt gesund sein.

Wie die Tomatensamen geerntet und für das nächste Jahr zur Aussaat vorbereitet werden, sehen Sie in den folgenden Abbildungen. Gut getrocknete Tomatensamen bleiben übrigens etwa fünf bis zehn oder sogar bis 20 Jahre keimfähig.

Erfahrung macht den Meister

Wenn die Samen in den Wassergläsern vergoren werden, entsteht ein säuerlicher Geruch, der Zweifel hervorruft, ob das alles mit rechten Dingen zugeht. Lassen Sie sich nicht irritieren, der Duft signalisiert, dass alles in Ordnung ist. Auch ein Pilzrasen, der sich auf dem Wasser bilden kann, macht dem Saatgut nichts aus. Eines darf allerdings nicht passieren: Die Samen dürfen nicht keimen. Dass ich das Saatgut auf Papptellern trockne, hat übrigens auch einen Grund: Die Samen lösen sich gut von den Tellern und es kommt zu keinen noch so kleinen Verletzungen. Das ist für die Haltbarkeit und spätere Keimfähigkeit sehr wichtig. Außerdem beschrifte ich die Teller gleich mit den Sortennamen und beuge so Verwechslungen vor.

Eigentlich sind das ganz normale Pappteller, die man auch für Gartenpartys verwendet. Wichtig ist, dass sie diesen wachsartigen Überzug haben und nicht nur aus Papier bestehen.

DAS EIGENE SAATGUTARCHIV

Anfangs tut es eine Schachtel, doch schon in wenigen Jahren aktiver Gartenarbeit verlangen die selbst geernteten, getauschten oder gekauften Gartenschätze eine durchdachtere Verwahrung. Mein Archiv von etwa 800 Gemüsesorten, davon um die 600 verschiedenen Tomaten füllt inzwischen ein zwei Meter hohes Bücherregal. Ein gutes Samenarchiv als Grundlage für eine lebendige, freie Genbank muss das Saatgut vor Schädlingen, Krankheiten, Feuchtigkeit und übermäßigen Temperaturschwankungen schützen. Außerdem lohnt sich hier eine Investition in Ordnung, um die ganzen Gartenschätze wieder zu finden.

Schon seit über 15 Jahren hebe ich mir mein Saatgut, getrennt nach den verschiedenen Arten und Sorten in Fotoboxen aus Pappe auf. Schön und noch stabiler sind die überall in Baumärkten erhältlichen Holzkästchen. Sie passen in jedes Bücherregal und das A6-Format finde ich für die Saatgutaufbewahrung am praktischsten. Früher habe ich mir meine Saatguttüten selbst aus quadratischen Notizzetteln gefaltet. Jetzt sind es 6 cm breite und etwa 10 cm lange, naturbraune Natronpapiertüten. Sie haben eine hübsche Optik und sind sogar für das Verpacken von Lebensmitteln geeignet. Ihre Oberfläche lässt sich leicht mit den wichtigsten Infos beschriften.

Viele verwenden für ihre Saatgutverpackung die sehr kostengünstigen Druckverschlussbeutel aus Plastik. Durch die klare Folie sind Menge und Qualität des Saatgutes schön sichtbar. Ich finde aber Papiertüten viel

Dieser Tomatenliebhaber hat mir eine große 'Ananastomate' aus eigenem Anbau mitgebracht.

Gartenschätze auf dem Markt! Ein liebevoll dekorierter Tisch zeigt die Vielfalt an Tomatensorten.

handlicher beim Abfüllen der Samen und beim Beschriften. Außerdem möchte ich dem Saatgut, keine direkte Umgebung aus Kunststoff zumuten. Jedes keimfähige Samenkorn ist bereits eine lebendige Pflanze. Samen haben zwar sehr reduzierte Lebensvorgänge, doch auch sie atmen. Bei starken Temperaturunterschieden kann sich in den Plastiktütchen Feuchtigkeit bilden, die kann bei Saatgut zum Schimmelbefall führen. Beim Papier findet mehr Luftaustausch statt.

Meine Saatguttüten beschrifte ich mit dem Sortennamen sowie Monat und Jahr der Ernte. Manchmal schreibe ich noch ein paar Besonderheiten der Sorte dazu. Die Tüten sortiere ich nach ihren Namen alphabetisch in die Kiste ein. Ein A6-Register von A–Z leistet mir gute Dienste für die Übersichtlichkeit. Je nach Bestand kann ich problemlos Sorten sowie leere Kisten hinzufügen oder wieder zusammenpacken.

Die Kisten ordne ich nach den botanischen Gattungen und Arten sowie der deutschen Bezeichnung. So habe ich etwa 21 Kisten mit Tomatensaatgut, drei mit Paprika, drei mit Auberginen, zwei mit Chili, drei mit Gurken usw.

Ich lagere mein Saatgut bei Zimmertemperatur zwischen 15 bis 22°C. Dort ist es nach meinen Erfahrungen 5–10 Jahre keimfähig. Oft auch länger. Regelmäßig überprüfe ich alles auf Schädlinge und durch die alljährliche Jungpflanzenanzucht teste ich automatisch die Keimfähigkeit und Keimdauer meiner Ernten. Nichts ist schöner als den ganzen Saatgutschätzen einen geeigneten und praktischen Ort zur Aufbewahrung zu geben.

WICHTIG:

Ich gebe nur völlig trockenes Saatgut in mein Archiv. Feuchtes Saatgut verdirbt schneller und lockt Schädlinge an.

Gaumenfreuden:

Tomaten zum Genießen

Kochen, einfrieren, trocknen, pürieren oder pur vom Strauch genießen. Wie mögen Sie Ihre Tomaten am liebsten?

Manchmal pflücke ich eine reife Tomate vom Strauch und genieße die saftige Frische schon im Garten; das ist immer wieder ein unvergleichlicher Moment.

Gesunde Frucht

Tomaten – das ist für mich Sommer pur. Die köstlichen Früchte fangen die Sonne ein und speichern so viele gesunde Inhaltsstoffe, wie kaum eine andere Frucht. Dass ich früher Tomaten eigentlich gar nicht so recht mochte, liegt wohl daran, dass von weit her importierte Früchte bereits halbreif gepflückt werden. Klar, dass sie fad und langweilig schmecken und noch dazu viel weniger Inhaltsstoffe haben.

Der Inhalt macht's

Tomaten sind sehr beliebt, das wird klar, wenn man sich den jährlichen Pro-Kopf-Verbrauch anschaut: 19,5 kg Tomaten isst jeder Deutsche im Durchschnitt und macht sie damit zum Gemüse Nummer eins!
Und das ist gut so, denn Tomaten sind sehr gesund. Richtig zubereitet und ausreichend gegessen ist die Tomate zugleich Fitmacher, Schlankmacher und Krebshemmer. Und als wären das nicht schon genug Gründe, täglich Tomaten zu essen, hebt die Frucht auch noch unsere Laune. Durchschnittlich enthalten Tomaten 13 Vitamine, 17 Mineralstoffe und außerdem noch Fruchtsäuren. Sie sind reich an den Vitaminen C, E und an Karotin, die vor Zellschädigungen schützen und insgesamt die Widerstandskraft des

Die einzelnen Sorten haben sehr unterschiedliche Vitamingehalte. Es gibt aber noch keine genauen Untersuchungen, welche Tomatensorte die gesündeste ist.

Körpers stärken. Außerdem ist der Gehalt an Kalium hoch: 100 g frische Tomaten enthalten immerhin etwa 300 mg davon. Kalium ist wichtig für den Organismus, da es den Nerven- und Muskelstoffwechsel positiv beeinflusst.

Magnesium und Kalzium, Natrium, Eisen und Zink sind weitere Mineralstoffe. Tatsächlich decken zwei bis drei Tomaten schon den Tagesbedarf an verschiedenen Mineralstoffen. Zudem haben neuere Untersuchungen gezeigt, dass die enthaltenen Fruchtsäuren und Farbstoffe wie Lykopin und Karotin zusammen mit Vitamin C die krebsauslösende Wirkung von Nitrosaminen verhindern können. Die Zubereitung beeinflusst dabei die Verfügbarkeit des Lykopins. Es wird am besten vom Körper aufgenommen, wenn die Tomaten vor dem Verzehr gut erhitzt und mit Öl kombiniert werden, denn dadurch löst sich der Farbstoff aus den Zellen. Tomatensaft und -soße sind deshalb noch gesünder und wirkungsvoller als roh gegessene Tomaten.

Männer, die viele Tomaten essen, sollen laut verschiedener Untersuchungen deutlich seltener an Prostatakrebs erkranken. Auch Herz- und Kreislauferkrankungen kann durch einen hohen Tomatenverzehr vorgebeugt werden.

Nicht vergessen werden dürfen die Ballaststoffe, die Tomaten liefern. Sie regen die Darmtätigkeit an und sind gut für die Verdauung.

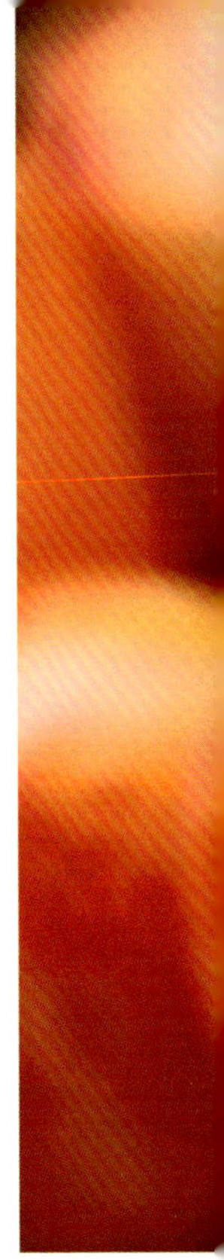

„Tomaten sind für mich die beste Medizin gegen schlechte Laune. Verantwortlich für die stimmungsaufhellende Wirkung soll Tyramin sein, das den Blutzuckerspiegel hebt."

WAS TOMATEN KÖNNEN

- Stärken das Immunsystem
- Beugen Krebs vor
- Kräftigen Herz und Kreislauf
- Heben die Stimmung
- Sind gut für die Haut
- Regulieren die Verdauung
- Sind entwässernd
- Beleben Gehirnfunktionen und Nerven
- Vertreiben Müdigkeit

Schlank und fit mit Tomaten

Tomaten sind voller nützlicher Inhaltsstoffe, niedrig ist dagegen der Gehalt an Fett, Eiweiß und Kohlenhydrate. Das sind zwar wichtige Nahrungsbestandteile, aber leider auch Dickmacher. Weil aber nur wenige davon in Tomaten vorkommen, kann die Frucht durchaus als Schlankmacher bezeichnet werden.
Besonders wertvoll ist sicher auch der hohe Kaliumgehalt, denn der Mineralstoff reguliert die Wasserverteilung im Körper und hilft so mit, dass die Zellen Nährstoffe nach innen und Abfallstoff aus der Zelle heraustransportieren können. Und mit einem ausgeglichenen Wasserhaushalt können Nervosität, Müdigkeit und Kopfschmerzen vorgebeugt werden.
Aber nicht nur im Fruchtfleisch der Tomate stecken viele gesunde Inhaltsstoffe, auch die Schale ist nicht zu verachten. Sie enthält viel Silizium und das ist gut für Haut, Haare, Knochen, Gefäße und Bindegewebe.

Die Farbenpracht und Formenvielfalt der Tomaten lädt zum Experimentieren ein.

Genuss ohne Reue: Die wasserreichen Früchte haben kaum Kalorien.

Schön mit Tomaten

Tomaten sind nicht nur gesund, sie machen auch äußerlich angewendet schön. Sie können als Naturprodukte in der Kosmetik eingesetzt werden. Die enthaltenen Karotinoide und Vitamine geben der Haut ein frisches Aussehen und die enthaltene Säure entzieht ihr überschüssiges Fett. Besonders wer zu unreiner Haut neigt, kann das Hautbild mithilfe von selbst hergestellten Pflegeprodukten aus Tomaten verbessern.

Bei Mitessern hilft es beispielsweise, die betroffenen Stellen mit Tomatenscheiben abzureiben. Noch vorhandener Tomatensaft wird anschließend mit einem trockenen Stofftuch abgetupft.

Auch bei gereizter Haut, zum Beispiel bei einem Sonnenbrand, können die Wirkstoffe der Tomate Abhilfe schaffen. Dazu muss man lediglich Tomatenscheiben auf die geröteten Hautstellen legen. Sie wirken wie eine After Sun Creme und beruhigen die Haut, ohne dass chemische Produkte im Spiel sind.

Schmutzige Gärtnerhände werden übrigens mit aufgeschnittenen Tomaten wieder sauber.

TOMATENMASKE FÜR NORMALE UND UNREINE HAUT

- 2 pürierte Tomaten
- 2 EL Mandelkleie oder Maismehl

Tomatenpüree und Mandelkleie oder Maismehl verrühren und auf dem Gesicht verteilen. Die Augenpartie dabei frei lassen. Nach 15 Minuten mit warmem Wasser abnehmen. Die Maske reinigt, erfrischt und wirkt porenverengend. Sie kann auch auf das Dekolleté aufgetragen werden.

Fast zu schade zum Essen: Die bunte Formenvielfalt bei Cocktailtomaten ist unübertroffen.

Ran an die Tomate: Konservierungsmethoden

Wenn ich meine Tomatensamen ernte, fallen Unmengen von Tomatensaft und -fruchtfleisch an. Aber in diesen Wochen bleibt bei mir kaum Zeit für große Kochaktionen. Die Früchte werden also gewaschen, geputzt, geschnitten und erst einmal eingefroren. Wenn die Gartenarbeit im Spätherbst dann nachlässt, kann die eigentliche Verarbeitung und Zubereitung beginnen. Am liebsten verwende ich nur wenige Zutaten, die ich im Haus habe. Mein Grundrezept kombiniere ich dann immer wieder neu mit dem, was gerade Saison im Garten hat.

Mit Kälte konservieren

Das Einfrieren ist eine sehr unkomplizierte Methode zum Haltbarmachen. Ich spüle die Tomaten kurz ab, dann halbiere ich sie und lege sie in flache Plastik-Gefrierdosen. Wenn ich die flachen Dosen verwende, kann ich mehrere davon im Gefrierschrank übereinanderstellen. Beim Einfrieren achte ich immer darauf, dass die Tomaten locker nebeneinanderliegen. Auf diese Weise werden sie nicht gedrückt und es tritt nicht zu viel Saft aus. Außerdem gefrieren die Tomatenhälften in den flachen Dosen schneller durch. Das ist wichtig, denn so werden die meisten Inhaltsstoffe bewahrt. Für Salat können die eingefrorenen Tomaten natürlich nicht mehr verwendet werden. Ich bereite damit aber Tomatensoße oder auch Lasagne zu. Die Gerichte schmecken genauso, als hätte ich die Früchte frisch gepflückt.

Für mich ist es ganz wichtig, so viele Tomaten wie möglich zu konservieren, damit ich auch im Winter Tomatengerichte genießen kann, die das volle Aroma und die meisten Inhaltsstoffe haben.

Die haben's in sich: getrocknete Tomaten

Eine etwas aufwendigere Methode, um Tomaten haltbar zu machen, ist das Trocknen. Trotzdem schaffe ich es jedes Jahr, einige Gläser mit getrockneten Tomaten für die Vorratskammer fertig zu machen. Beim Trocknen wird den Früchten viel Wasser entzogen. Die Geschmacksstoffe bleiben aber erhalten und sind auf eine geringere Masse konzentriert. Deshalb schmecken getrocknete Tomaten so überaus intensiv. Nach einigen Experimenten habe ich herausgefunden, dass Flaschentomaten sich besonders gut zum Trocknen eignen. Ich halbiere die Früchte der Länge nach und lasse sie im Backofen etwa zehn Stunden bei knapp 100 Grad trocknen. Die Tür bleibt dabei etwas offen, damit die Feuchtigkeit entweichen kann. Ich stecke einen Holzkochlöffel in den Türspalt. Sicher eignen sich auch spezielle Dörrgeräte gut für diese Form der Haltbarmachung. Sie verbrauchen nicht so viel Energie, trocknen die Tomaten schneller und man kann die Temperatur gut einstellen.

Wenn die Tomaten noch etwas ledrig sind, haben sie genau den richtigen Trocknungsgrad. Ich gebe sie dann in etwas breitere Gläser mit Schraubverschluss und übergieße sie mit einem guten Pflanzenöl. In einige Gläser gebe ich zusätzlich noch ein paar Zweige frischen Rosmarin aus dem Garten.

In Öl eingelegt halten sich die Tomaten etwa ein Jahr.

Ich trockne die Tomaten ganz langsam bei niedriger Hitze im Backofen. Dann behalten sie ihre Farbe.

Tomatensoße pur …

Alle Tomaten, die nicht gleich frisch verwertet oder eingefroren werden, verarbeite ich zu dieser leckeren Soße. Sie ist ein Grundbaustein für viele Rezepte.

Ich zerteile die Tomaten grob und gebe das Fruchtfleisch in einen großen, beschichteten Kochtopf. Zwei bis drei Stunden müssen die Tomaten auf niedriger Flamme dick einkochen. Je länger die Kochzeit dauert, desto mehr Wasser verdunstet und umso dickflüssiger und geschmacksintensiver wird die Tomatensoße. Ist die gewünschte Konsistenz erreicht, mixe ich alles mit dem Pürierstab. Damit keine Tomatenhäute in der Soße bleiben, passiere ich das Ganze auch noch durch die Flotte Lotte. Wer allerdings einen leistungsstarken Standmixer hat, spart sich viel Arbeit. Die geputzten Tomaten werden direkt in den Becher gefüllt und bei voller Leistung 30 Sekunden püriert und danach gekocht. Die Schalen sind dabei so fein geschnitten, dass die Soße nicht mehr durch die Flotte Lotte muss.

Die Soße ist wirklich unschlagbar, sowohl in der einfachen Handhabung als auch in der Verwendbarkeit: Spaghetti mit Tomatensoße, Lasagne, Tomatensuppe, Eintöpfe … das und noch viel mehr kann man damit zubereiten.

Die Tomatensoße kann im Kühlschrank für einige Tage aufbewahrt werden. Sie eignet sich aber auch sehr gut zur Vorratshaltung: Sie kann eingefroren oder noch heiß in Flaschen oder verschließbare Gläser abgefüllt und eingekocht werden. Dann ist sie einige Monate haltbar.

Für die Tomatensoße mische ich alle Sorten. Je länger die passierten Früchte kochen, desto dicker wird die Soße.

… und praktisch unendlich variabel

Tomaten haben einen wunderbaren Eigengeschmack und brauchen eigentlich kaum noch eine Ergänzung. Doch es gibt eine ganze Reihe von Kräutern, die so gut mit den Tomaten harmonieren, dass ich sie unbedingt erwähnen möchte.

Basilikum und Tomaten, das ist natürlich ein Traumpaar der mediterranen Küche. Ich verwende das Kraut nur frisch, denn es verliert sonst sehr an Aroma.

Auch Rosmarin passt hervorragend in Tomatensaucen und andere -gerichte. Ich pflücke einige Zweige frisch, die ich locker zusammengebunden fünf bis zehn Minuten vor Kochende in den Topf

Botanisch gesehen zählen Tomaten zum Beerenobst. Man kann sie mit Äpfeln und Aprikosen zu einer Marmelade einkochen.

oder die Pfanne gebe. Vor dem Essen nehme ich das Sträußchen wieder heraus; ich mag die harten Nadeln nicht so gerne. Mit Thymian verfahre ich ebenso, Salbei gebe ich nur ganz kurz vor der Fertigstellung des Gerichtes dazu. Etwas ungewöhnlich aber durchaus nachahmenswert ist die Zugabe von Lavendel etwa fünf Minuten vor Ende der Garzeit. Dadurch erhält jedes Tomatengericht eine ganz eigene provenzalische Note.

Das 1 × 1 des Einkochens

In ländlichen Haushalten wurde lange Zeit die Ernte aus dem Garten auf verschiedenste Weise eingekocht und für den Winter aufbewahrt. Doch geriet diese Methode ein wenig in Verruf, weil ihr nachgesagt wurde, dass durch das Einkochen viele Vitamine und andere Inhaltsstoffe verloren gingen.
Heute liegt Einkochen wieder voll im Trend, und da ich die Tomaten kurz und schonend verarbeite, bleiben ihre gesunden Inhaltsstoffe auch erhalten. Tomatenfrüchte koche ich allerdings nicht im Ganzen ein. Ich bereite eine Tomatensoße zu, die ich in saubere Gläser abfülle und dann im Einkochapparat haltbar mache. Im Einkochapparat muss so viel Wasser vorhanden sein, dass die Gläser zu drei Viertel im Wasser stehen. Dabei sollte das Wasser in etwa dieselbe Temperatur haben, wie die Flüssigkeit in den Gläsern. Die Einkochzeit beträgt etwa 25 Minuten.
So habe ich über mehrere Monate immer leckere Sauce im Haus. Wenn dann unverhofft Gäste kommen, biete ich sie gerne zusammen mit frischem Weißbrot an. Das schmeckt köstlich.

EINE BESONDERE DELIKATESSE: TOMATENKLAR

Es kommt vor, dass sich beim Einkochen ein klarer Fruchtsaft oben absetzt. Das ist das sogenannte Tomatenklar. Ich schöpfe diese Brühe vorsichtig ab und friere sie portionsweise ein, wenn ich sie nicht gleich verwenden kann. Tomatenklar verwandelt feine Suppen in wunderbare Geschmackserlebnisse und passt in selbst gebackenes Tomatenbrot. Ich nehme es auch als Nudelkochwasser.

Das schmeckt: Leckere Rezepte

Die bunte Tomatenvielfalt aus meinem Garten macht frisch vom Strauch gepflückt oder ganz nebenbei weggenascht natürlich am meisten Spaß. Auf die Schnelle lassen sich aber auch Tomatensaft und -salate und – mal was ganz anderes – Tomatenburger zaubern.

WÜRZIGER TOMATENSAFT

Für 1 Liter

300 g Tomaten // 200 ml Wasser
Gewürze nach Wahl,
wie Salz, Pfeffer, Tabasco, Chili oder Ingwer

Alle Zutaten in einen Mixer geben und etwa eine halbe Minute pürieren. Zum Servieren mit Basilikumblättern oder Blüten von Gewürz-Tagetes garnieren.

Pürieren Sie nacheinander verschiedenefarbige Tomaten. Gut geeignet sind die grüne 'Green Zebra', die gelbe 'Olympische Flamme' oder die rosa 'Berner Rosen'. Wird der Saft nacheinander vorsichtig in ein Glas gegossen, ergibt sich ein schöner Farbeffekt.

SÜSSER TOMATENSAFT

Für 1 Liter

300 g süße Tomaten // 6 reife oder getrocknete Aprikosen oder 2 süße Orangen // 200 ml Wasser // Gewürze nach Wahl, zum Beispiel Vanille // Etwas Rohrzucker, Honig oder Agavendicksaft zum Süßen nach Wahl

Alle Zutaten in einen Mixer geben und etwa eine halbe Minute pürieren.

TOMATENBURGER

Für 6 – 8 Burger

1 Fertigmischung für Gemüseburger (erhältlich im Naturkostladen)
3 – 4 Scheiben Mischbrot // Einige Salatblätter // 1 mittelgroße Zwiebel, in Ringe geschnitten

Je nach gewünschter Größe sechs bis acht Gemüseburger nach Packungsanleitung zubereiten und ausbraten. Brotscheiben halbieren. Brot- und Tomatenscheiben abwechselnd mit Gemüseburgern aufeinanderschichten, dazwischen Salatblätter und Zwiebelringe legen. Verwenden Sie abwechselnd rote, gelbe und grüne Tomaten. Den krönenden Abschluss kann dann ein 'Gelbes Birnchen' bilden. Mit einer roten Cocktailtomate funktioniert es natürlich auch.

TOMATENSUPPE MIT SCHAFSKÄSEWÜRFEL

Für 2 – 3 Personen

600 g grob gewürfelte Tomaten // 1 mittelgroße Zwiebel
Etwas Öl // Gewürze nach Wahl, wie Salz, Pfeffer, Ingwer, Knoblauch, Chili, oder Rosmarin // 150 g gewürfelter Schafskäse

Die Tomaten fein pürieren. Wer rohe Tomaten nicht mag, kann sie auch zuerst kochen und dann mit dem Pürierstab zerkleinern. Die Zwiebeln in Öl andünsten, die pürierten Tomaten hinzugeben und nach Belieben abschmecken. Schafskäse auf die Suppe geben. Anstelle von Schafskäse können auch einige Esslöffel Hüttenkäse, angebratene Tofustückchen oder in Scheiben geschnittene Bratwürste zugefügt werden. Das sind allesamt leckere Ergänzungen.

Schön für jedes kalte Buffet sind auch ganz einfache Türmchen aus Tomatenscheiben von verschiedenen Sorten. So kann man gleich mehrere Geschmacksrichtungen miteinander verbinden.

VEGANE TOMATENSUPPE

Für 2–3 Personen

800 g Tomaten
Etwas Salz,
Pfeffer,
Ingwer,
Tabasco oder Chili
Basilikumblätter
nach Wahl

Die Tomaten grob schneiden, dann kurz pürieren und die Gewürze nach Wahl zufügen. Alle Zutaten etwa eine halbe Minute mixen und schon ist die sehr geschmacksintensive, cremige Tomatensuppe fertig. Sie kann im Sommer kalt verspeist werden. Sie hat eine ganz tolle Konsistenz und ist in wenigen Minuten zubereitet. Mitunter erwärme ich die Suppe auch, immer kommt aber ein Basilikumblatt als Garnierung dazu.

TOMATENPIZZA

Für 4 Personen

FÜR DEN TEIG

500 g Dinkelvollkornmehl
1 Päckchen Trockenhefe oder Weinsteinbackpulver
Salz, Oregano, Rosmarin nach Wahl
4 EL Öl
2 Eier
300 ml Wasser oder Tomatenklar (siehe Seite 137)

FÜR DEN BELAG

100 g Zwiebeln
Etwas Olivenöl
200 g Champignons
100 g in Stifte geschnittene bunte Paprika
100 g in kleine Scheiben geschnittene Auberginen oder Zucchini
150 g in Scheiben geschnittene Champignons
600 g dickflüssige Tomatensoße
2–3 Knoblauchzehen, gerieben oder sehr klein gewürfelt
Oregano, Majoran, Rosmarin nach Belieben
125 g geriebener Emmentaler

Für den Teig das Mehl mit Hefe und Gewürzen vermischen. Öl, Eier und Wasser unter ständigem Rühren hinzugeben. Den Teig etwa eine halbe Stunde gehen lassen und dann auf einem mit Backpapier belegten Backblech ausrollen. Für den Belag die Zwiebeln im Öl glasig andünsten. Auberginen oder Zucchini hinzugeben, etwa zehn Minuten garen. Champignonscheiben und Paprika hinzufügen, und einige Minuten später die Tomatensoße mit Knoblauch und den Gewürzen zugeben. Alles gut verrühren und auf dem Teig verstreichen. Anschließend mit Käse bestreuen. Etwa 20 bis 30 Minuten bei 180 Grad im vorgeheizten Backofen garen bis der Käse goldbraun ist.

„Wer gern Fleisch isst, kann die Pizza mit Schinken oder Salami aufpeppen.“

„Die Tomatenlasagne lässt sich übrigens auch gut einfrieren."

Die klassische Tomaten-Mozzarella-Kombination sieht mit bunten Kirschtomaten und Mozzarella-Kugeln aufgespießt gleich richtig peppig aus und ergänzt jede Sommermahlzeit bestens.

TOMATENLASAGNE

Für 4 Personen

600 g Tomaten oder 600 ml Tomatensoße // 200 g Zucchini, Champignons und/oder Auberginen // 100 g Zwiebeln // Etwas Sonnenblumenöl //
6–8 Lasagneblätter // 1 große Knoblauchzehe // Rosmarin, Oregano, Basilikum oder Thymian nach Wahl // Salz // Pfeffer oder mittelscharfes Chilipulver //
100 g geriebener Emmentaler, Mozarella oder Gouda // bzw. 100 ml Sojasahne oder mit etwas Wasser pürierte Cashewkerne für die vegane Variante

Die Tomaten in Stücke schneiden und in einem größeren Topf etwa 15 Minuten kochen. Mit dem Pürierstab sämig pürieren. Zucchini und Auberginen in feine Würfel, Pilze in Scheiben schneiden. Fein geschnittene Zwiebeln im Öl glasig andünsten, Auberginen und Zucchini hinzugeben und alles etwa 15 Minuten dünsten. Erst zum Schluss die Pilze zufügen. In die Gemüsemischung die Tomatensoße geben – zwei Esslöffel der Soße jedoch zurückbehalten, sie kommt später zuunterst in die Auflaufform. Die Tomaten-Gemüse-Mischung mit gehacktem Knoblauch und den Kräutern nach Belieben würzen. Rosmarin schmeckt noch aromatischer, wenn seine nadelförmigen Blätter mit der Schere fein geschnitten werden. Die zurückbehaltene Tomatensoße in eine große flache Auflaufform füllen, damit die untersten Nudelblätter nicht an der Form anhaften. Die Form muss nicht gefettet werden. Danach abwechselnd eine Schicht Lasagneblätter und Gemüse-Tomaten-Mischung einfüllen. Die oberste Schicht sollte aus der Gemüse-Mischung bestehen. Zum Schluss wird der geriebene Käse über die Lasagne gestreut oder, für die vegane Variante, Sojasahne darübergegossen. Bei 180 Grad im vorgeheizten Ofen etwa 20 Minuten backen.

Dieses Hauptgericht bereite ich sehr gerne für Gäste zu. Im Unterschied zu vielen anderen Lasagnegerichten verwende ich nur frische Gemüse, die das Gericht zu einer richtigen Vitaminbombe machen. Und durch den geringen Käseanteil ist sie außerdem noch sehr bekömmlich. Wer gerne Fleisch ist, kann statt dem Gemüseanteil etwa 250 g Hackfleisch mit den Zwiebeln anbraten.

TOMATENTEILCHEN MIT ZIEGENFRISCHKÄSE

für 12 Küchlein

6 Scheiben TK-Blätterteig // 6 EL Zwiebelchutney
10 Kirschtomaten // 200 g Ziegenfrischkäse
Salz // Pfeffer // 1 TL frischer oder getrockneter Majoran
Etwas Olivenöl

Die Blätterteigscheiben in 5 × 5 cm große Stücke schneiden, auf jedem Stück einen Teelöffel Zwiebelchutney verstreichen. Tomaten in dünne Scheiben schneiden und jedes Blätterteigstück damit belegen. Den Ziegenkäse zerrupfen und auf den Tomaten verteilen. Mit Salz, Pfeffer und Majoran würzen und mit Olivenöl beträufeln. Bei 200 Grad im vorgeheizten Ofen etwa 15 Minuten backen.

Dieses kleine, aber feine Gericht serviere ich übrigens immer bei meinem jährlichen Gartenfest. Und dieses Fest hat mittlerweile Tradition: Mit ein paar Sorten hatte meine Tomatenleidenschaft begonnen, drei Jahre später konnte ich schon 100 verschiedene Sorten ernten. Aber wohin mit all den vielen Früchten? Ich lud Freunde und Nachbarn ein. Meine Gäste waren begeistert und der Grundstein für mein jährliches Gartenfest mit Verköstigung war gelegt.

Der Blätterteigrand backt schön hoch, wenn er an allen vier Seiten parallel zur Kante leicht eingeschnitten ist.
Die Tomatenhappen können auch mit Gorgonzola- oder Schafskäse gemacht werden, dann wird es noch deftiger.

SOMMERLICHES BACKOFENGEMÜSE

Für 2 – 4 Personen

FÜR DAS GEMÜSE

3 Paprika in Rot, Grün und Gelb
2 kleine Auberginen // 1 gelbe und 2 grüne Zucchini
6 EL Olivenöl // 2 in Scheiben geschnittene Knoblauchzehen // Salz // Pfeffer
Frisches Basilikum oder andere mediterrane Kräuter

ZUSÄTZLICH FÜR DEN SALAT:

3 – 4 EL weißen Balsamicoessig // 20 bunte Kirschtomaten

Das Gemüse in mundgerechte Stücke schneiden. Außer dem Knoblauch alles auf einem Backblech verteilen, Öl und Gewürze darübergeben und gut durchmischen. Bei 200 Grad etwa 30 Minuten im vorgeheizten Backofen garen. Den Knoblauch erst nach etwa 15 min Backzeit hinzufügen und untermischen, sonst verbrennt er. Schon jetzt schmeckt das warme Gemüse sehr lecker. Etwas abgekühlt, ergänzt mit weißem Balsamicoessig und frischen Tomatenstücken, wird es zum sommerlichen Salat und schmeckt gut zu Fisch, Fleisch oder einfach nur mit Brot.

DEFTIGE KARTOFFEL-GEMÜSE-PFANNE

Für 2 – 3 Personen

3 mittelgroße Kartoffeln // 125 g grüne Bohnen
1 mittelgroße Fleischtomate, in Stücke geschnitten
200 g in Streifen geschnittene Zucchini // 100 g gewürfelte Zwiebeln
4 EL Olivenöl // 1 Knoblauchzehe
Gewürze nach Wahl, wie Salz, Pfeffer, Chili, Rosmarin

Die Kartoffeln waschen und mit Schale in 1 – 2 cm große Würfel schneiden. Etwa 15 Minuten kochen lassen, die genaue Garzeit ist abhängig von der Kartoffelsorte. Die Bohnen in 2 – 3 cm lange Stücke schneiden. In einem Topf Wasser bei mittlerer Hitze etwa zehn Minuten garen. In der Zwischenzeit Tomate und Zucchini zusammen mit der Hälfte der Zwiebeln zehn Minuten in etwas Öl andünsten. Gekochte und abgetropfte Bohnen hinzufügen. Die gegarten Kartoffeln in Öl und den übrigen Zwiebeln anbraten. Knoblauch fein hacken und zusammen mit den Gewürzen hinzufügen. Die Kartoffel-Gemüse-Pfanne zählt zu meinen Li eblingsgerichten, denn sie ist schnell zubereitet und sehr sättigend. Kross gebratene Tofuscheiben oder Bratwurst sind eine ideale Ergänzung.

TOMATEN-MOZZARELLA-SALAT

Für 4 Personen

FÜR DIE SALATSOSSE:
2 – 3 EL Balsamicoessig // 2 – 3 EL Olivenöl // Salz // Pfeffer

FÜR DEN SALAT:
500 g Mozzarella oder Schafskäse // 600 g mittelgroße Tomaten
100 g bunte Datteltomaten zum Garnieren // Basilikum

Zuerst die Salatsoße vorbereiten, dazu alle angegebenen Zutaten verrühren. Den Mozzarella und die mittelgroßen Tomaten in 1 – 3 cm große Stücke schneiden, in die Salatsoße geben und vorsichtig unterheben. Verwenden Sie Schafskäse statt Mozzarella, wird dieser nicht untergemischt, sondern erst zum Schluss über den fertigen Salat gestreut. Den Salat mit den Datteltomaten und dem Basilikum garnieren und möglichst frisch genießen.

Das Auge isst mit: Tomatensorten wie 'Green Zebra', 'Olympische Flamme', 'Grüne Ananas' oder 'Striped Roman' sehen besonders hübsch im Salat aus.

KERNIGER TOMATENSALAT

Für 4 Personen

FÜR DIE SALATSOSSE:

2–3 EL Balsamicoessig // 2–3 EL Olivenöl // Salz // Pfeffer

FÜR DEN SALAT:

40 g Sonnenblumen- oder Kürbiskerne // 1 mittelgroße Zwiebel // Etwas Olivenöl // 3 Fleischtomaten oder 6 mittelgroße Tomaten // 1–2 bunte Paprika // Petersilie oder Basilikum // 200 g gewürfelten Schafskäse

Sonnenblumen- oder Kürbiskerne in einer Pfanne ohne Fett wenige Minuten rösten und danach in eine kleine Glasschüssel füllen. Alle Zutaten für die Salatsoße miteinander mischen. Die Zwiebel in sehr kleine Würfel schneiden, ganz kurz in Öl glasig dünsten und anschließend in die Salatsoße geben. Tomaten und Paprika putzen, in mundgerechte Stücke schneiden und ebenfalls zur Salatsoße geben. Petersilie oder Basilikum grob hacken und auch untermischen. Den gewürfelten Schafskäse und die gerösteten Kerne zum Schluss über den fertigen Salat geben. Als vegane Variante kann anstelle von Schafkäse Tofu genommen werden.

Den Tomatensalat serviere ich gern Freunden. Für eine spontane Feier geht die Vorbereitung schnell von der Hand. Und damit es dann auch toll aussieht, nehme ich viele verschiedenfarbige Tomaten und Paprika.

BUNTER SALAT MIT JOGHURTSOSSE

Für 4 Personen

FÜR DEN SALAT:

Je 4 rote und gelbe, in Scheiben geschnittene Tomaten
250 g halbierte Kirschtomaten (in Grün, Braun oder Dunkelviolett)
Je 1 rote, grüne und gelbe Paprika
1 große Zwiebel, gewürfelt
Reichlich Petersilie oder Schnittlauch

FÜR DIE SOSSE:

6 EL Joghurt
4 TL kalt gepresstes Kürbis- oder Distelöl
2 TL grobkörniger Senf // Salz // Pfeffer
4 EL gehackter Schnittlauch oder Petersilie

Tomatenscheiben, halbierte Kirschtomaten, Paprika und Zwiebelwürfel in einer Schüssel vermischen. Alle Zutaten der Soße verrühren und vorsichtig über die Tomaten, Paprika und Zwiebeln gießen. Mit frischem Schnittlauch garnieren.

Der Salat passt sehr gut zu Fleisch, Fisch und zu warmem Pitabrot.

TOMATENBROT

Für 1 Brot

500 g Dinkel- oder Weizenmehl
1 Päckchen Trockenhefe
300 ml fein pürierte Tomaten
100 g gehackte Mandeln oder Haselnüsse
Je 2 TL Salz, Oregano und Thymian
80 g klein gewürfelte Datteltomaten

Mehl und Hefe mischen. Pürierte Tomaten, Mandeln oder Nüsse und die Gewürze untermischen und mit dem Knethaken gut durcharbeiten. Den Teig etwa eine halbe Stunde gehen lassen. Eine Kastenform mit Backpapier auslegen und den Teig hineinfüllen. Die Tomaten vorsichtig unter den Teig ziehen. In den kalten Backofen geben und eine halbe Stunde bei 200 Grad backen.

Das Brot schmeckt am besten frisch mit verschiedenen Aufstrichen. Ich friere es aber auch gerne ein und kann dann bei Bedarf schnell darauf zurückgreifen.

„Statt eines Brotes können aus dem Teig auch etwa 20 kleine Brötchen geformt werden. Vor dem Backen werden diese mit ganzen Johannisbeertomaten oder einer halben Datteltomate garniert – fertig sind die Party-Tomatenbrötchen."

TOMATIGER BROTAUFSTRICH

Für 4 Personen

3 große oder 6 mittelgroße Tomaten
2–3 gehackte Knoblauchzehen
Chili // Salz // Etwas Öl
200 g Frischkäse
Koriandergrün, Petersilie oder Basilikum nach Wahl

Die Tomaten in Würfel schneiden. Knoblauch und Gewürze zusammen mit dem Öl mit einem Pürierstab zerkleinern und anschließend unter den Frischkäse ziehen. Mit den fein geschnittenen Kräutern bestreuen.Probieren Sie Baguette, Fladenbrot oder aber das selbst gemachte Tomatenbrot mit dieser leckeren Frischkäsemischung.

TOMATEN-QUARK-AUFSTRICH

Für 4 Personen

250 g Quark
150 g Crème fraiche oder saure Sahne
400 g pürierte Tomaten
1 TL Zitronensaft // Salz // Pfeffer
1 zerdrückte Knoblauchzehe

Alle Zutaten miteinander vermischen, dann ist das Gericht schon fertig.Ich serviere diesen Tomatenaufstrich gerne in Glasschüsseln und garniere ihn mit halbierten Datteltomaten oder frischen Kräutern wie Schnittlauch oder Basilikum.

„Hohlkammrige Tomaten wie die Sorte 'Paprika Italia' können mit diesem Aufstrich gefüllt werden. Das sieht nicht nur schön aus, sondern schmeckt auch lecker."

DAS BESTE ZUM SCHLUSS: GELBE TOMATENMARMELADE

Für 6 kleine Marmeladengläser

800 g gelbe Tomaten
2 vollreife Aprikosen, Pfirsiche oder Äpfel
Saft von ½ Zitrone // ½ TL Vanillezucker
1 kg Gelierzucker 1:1

Tomaten und Früchte putzen, würfeln und zusammen mit Zitronensaft und Vanillezucker in einen Mixer geben. Alles sehr gründlich zu Mus zerkleinern. Mit dem Gelierzucker nach Packungsanleitung eine Marmelade kochen.

Manchmal stelle ich die Marmelade auch nur aus Tomaten und roten Früchten, wie Johannisbeeren, her. Dann ist es eine durch und durch rote Marmelade, die sehr gut zu Ziegenkäse schmeckt

TOMATEN-APFEL-MARMELADE

Für 6 kleine Marmeladengläser

600 g bunte Tomaten // 300 Äpfel
100 ml frisch gepresster Orangensaft // Saft von ½ Zitrone
1 kg Gelierzucker

„Gemüsemarmeladen sind eine geschmackliche Offenbarung."

Tomaten und Äpfel putzen und in einen Mixer geben. Orangen- und Zitronensaft hinzugeben. Alles in einen Kochtopf füllen, Gelierzucker zugeben und nach Packungsanleitung zubereiten. Die Marmelade noch ganz heiß in Gläser füllen und diese nach dem Verschließen für einige Minuten auf den Kopf stellen.

Service

Besuchen Sie unsere Autorin Melanie Grabner

Während der Jungpflanzensaison von Mitte April bis Ende Mai hat Melanie Grabner montags bis freitags von 16–18 Uhr und samstags von 10–13 Uhr geöffnet. Zu diesen Zeiten können Sie Jungpflanzen in Böhl-Iggelheim kaufen. Zu bestimmten Zeiten kann im Herbst der Garten besucht werden. Infos gibt es auf der Website. Adresse siehe Bezugsquellen unter lilatomate.

Wenn Sie im Internet unterwegs sind …

www.lilatomate.de: Website der Autorin und Tomatenexpertin Melanie Grabner

www.extension.udel.edu/weeklycropupdate: Auf der englischsprachigen Seite der University of Delaware finden Sie fundierte Informationen zu Botanik, Wachstum und Entwicklung und der Sortenvielfalt von Tomaten. Sie können nach verschiedenen Schlagworten.

www.tomaten-atlas.de: eine Datenbank mit Fotos und Sortenbeschreibungen zu rund 500 Tomaten

www.reinhard-kraft.de: Neben unzähligen Tomatensorten werden Auberginen, Chili, Melonen, Paprika und andere Gemüse in Kurzporträts beschrieben.

www.solidarische-landwirtschaft.org/solawis-finden/auflistung/solawis: Nach PLZ sortierte Liste aktuell aktiver Solawis.

Lauter Lieblingsbücher

Brundhilde Bross-Burkhard: Das große Ulmer Biogarten-Buch. Verlag Eugen Ulmer, 2017.

Lydia Germain und Jasper Rimpau: Kompost aus der Kiste. Verlag Eugen Ulmer, 2. Aufl. 2021.

Ortrud Grieb, Alles über Bio-Gemüse: Pflanzen, pflegen, ernten. Verlag Eugen Ulmer, 2018.

Eva Schumann: Gewächshaus und Frühbeet. Erfolgreich nutzen für den eigenen Gemüseanbau. Verlag Eugen Ulmer, 2. Aufl. 2020.

Christine Weidenweber: Gemüse ernten ohne gießen – Trockenheitstolerante Pflanzen auswählen, den Boden schützen und Wasser sinnvoll nutzen. Verlag Eugen Ulmer, 2021.

Christine Weidenweber: Kräutergarten - einfach machen! Grünes Glück rund ums Jahr anbauen und genießen. Verlag Eugen Ulmer, 2023.

Bezugsquellen

Deutschland

lilatomate
Melanie Grabner
Goethestr. 9
67459 Böhl-Iggelheim
Email: lilatomate@gmx.de
www.lilatomate.de, www.gartenschaetze.org
Vorwiegend Tomaten, Gurken, Auberginen, Paprika. Jungpflanzenverkauf ab Hof und auf verschiedenen Märkten, kein Versand von Pflanzen), Bildungs- und Öffentlichkeitsarbeit

Freie-Saaten.Org. e.V.
www.freie-saaten.org
Sortiment an seltenen Nutzpflanzen als Saatgut, nur Versand

VEN – Verein zur Erhaltung der Nutzpflanzenvielfalt e.V.
www.nutzpflanzenvielfalt.de
Sortiment an seltenen Nutzpflanzen, Sortenbuch mit den verschiedenen Anbietern, Versand, einzelne Mitglieder sind auf Märkten präsent (siehe auch „Besondere Gartenmärkte"), Bildungs- und Öffentlichkeitsarbeit

Privates Samenarchiv Gerhard Bohl
Susanne Kunstmann und Gerhard Bohl
Oberfichtenmühle 2
91126 Rednitzhembach
Seltene Nutzpflanzen, v. a. Fruchtgemüse wie Tomaten und Paprika, Bestellungen nur schriftlich möglich, nur Versand, bitte keine Besuche

Irinas Tomaten & Kräuter Spezialitätengärtnerei
www.irinas-shop.de
Fruchtgemüse (Tomaten, Paprika etc.), Saatgut und Jungpflanzen

Manfred Hahm-Hartmann
http://tomaten.bplaced.net/tomatenhahm.html
Vorwiegend Tomaten, Gurken, Auberginen, Paprika, Saatgutversand

Dreschflegel GbR
www.dreschflegel-saatgut.de
Seltene Nutzpflanzen

Kräuter- und Wildpflanzenversand Friedhelm Strickler
www.gaertnerei-strickler.de

Bingenheimer Saatgut AG
www.bingenheimersaatgut.de
Seltene Nutzpflanzen

Österreich

Arche Noah
www.arche-noah.at
Sortiment an seltenen Nutzpflanzen, Bildungs- und Öffentlichkeitsarbeit

Register

Bildquellen

Fleuchaus, Frank: Titelbild und alle Fotos im Innenteil, außer den folgenden Abbildungen:
Dinkel, Susanne: Zeichnungen hintere Innenklappe
Grabner, Melanie: Seite 12, 118, 119
Julius Kühn Institut – Bundesforschungsinstitut für Kulturpflanzen: Seite 116 Mi.
Kost, Werner: Seite 116 u.
Krause, Antje: Seite 15 re.

Matrix Buchkonzepte Christina Modi & Maren Orlowski: alle Illustrationen (Tomatenzweig)

Mauritius images: Seite 14/15 Mi.
Rebellion Works/Shutterstock.com: Herzicon Buchrücken
Reinhard, Hans: Seite 116 o.
Reuter, Silke: Seite 128/129, 134, 137, 142, 143 o., 143 u., 144 o., 144 Mi., 144 u., 146, 147 , 150 o., 150 u., 151, 154, vordere Innenklappe
Shalika Fernando/Shutterstock.com: U1 Hintergrund „Liebe"
Weidenweber, Christine: hintere Außenklappe unten

Der Text zum Wetterschutz für Tomaten auf der hinteren Innenklappe stammt von Peter Hagen.

Impressum

Die in diesem Buch enthaltenen Empfehlungen und Angaben sind von den Autorinnen mit größter Sorgfalt zusammengestellt und geprüft worden. Eine Garantie für die Richtigkeit der Angaben kann aber nicht gegeben werden. Autorinnen und Verlag übernehmen keine Haftung für Schäden und Unfälle. Bitte setzen Sie bei der Anwendung der in diesem Buch enthaltenen Empfehlungen Ihr persönliches Urteilsvermögen ein.
Der Verlag Eugen Ulmer ist nicht verantwortlich für die Inhalte der im Buch genannten Websites.

Anmerkung zur Schreibweise (Gendering): Gendergerechtigkeit und Inklusion sind bei uns gelebte Praxis – bei der Auswahl unserer Themen, bei der Recherchearbeit, in der Gestaltung. Unsere Texte meinen alle. Damit unsere Inhalte jedoch gut lesbar bleiben, verzichten wir in diesem Werk auf die jeweilige Mehrfachnennung oder Anpassung der Schreibweise bestimmter Bezeichnungen an die weibliche, männliche oder diverse Form.

Bibliografische Information der Deutschen Nationalbibliothek
Die Deutsche Nationalbibliothek verzeichnet diese Publikation in der Deutschen Nationalbibliografie; detaillierte bibliografische Daten sind im Internet über http://dnb.d-nb.de abrufbar.

Wollgrasweg 41, 70599 Stuttgart (Hohenheim)
E-Mail: info@ulmer.de
Internet: www.ulmer.de
Projektleitung: Doris Kowalzik
Lektorat: Antje Krause
Herstellung: Katharina Merz
Umschlaggestaltung: Anette Vogt, www.redsign.de, Stuttgart
Satz: Susanne Junker, www.redsign.de, Stuttgart
Reproduktion: time:ray, Jettingen
Druck und Bindung: Westermann Druck, Zwickau
Printed in Germany

FSC
www.fsc.org
MIX
Papier aus verantwortungsvollen Quellen
FSC® C110508

ISBN 978-3-8186-1763-9

HIER KÖNNEN SIE WEITERLESEN

- **5 x Motivation pur: So machen Gemüse-, Obst-, Blumen-, Kräuter- und Naturgarten richtig Freude**
- **Schritt für Schritt von der Idee bis zum perfekten Garten mit Basiswissen und Anleitungen**
- **Immer ganz praktisch, nachhaltig und mit vielen wertvollen Details**

Gemüsegarten – einfach machen!
Mein Kürbis, mein Kohl, mein Radieschen – von der Planung bis zur reichen Ernte.
160 Seiten, 110 Farbfotos, 12 Zeichnungen,
ISBN 978-3-8186-1626-7

Kräutergarten - einfach machen! Grünes Glück rund ums Jahr anbauen und genießen.
144 S., 95 Farbfotos, 19 Zeichnungen,
ISBN 978-3-8186-1629-8

Naturgarten - einfach machen!
Vielfältige Lebensräume für Igel, Wildbiene & Co. gestalten. 160 S., 124 Farbfotos, 20 Zeichnungen,
ISBN 978-3-8186-1630-4

Obstgarten - einfach machen!
Richtig pflanzen, pflegen, ernten von Apfel bis Kornelkirsche. 160 S., 100 Farbfotos, 45 Zeichnungen,
ISBN 978-3-8186-1627-4

Blumengarten - einfach machen!
Blühende Beete planen, gestalten und pflegen. 160 Seiten, 130 Farbfotos, 28 Zeichnungen,
ISBN 978-3-8186-1628-1